이기명 칼럼집

# 내 눈이
# 마지막 머문 곳

# 내 눈이 마지막 머문 곳

**펴낸날** 2021년 8월 4일

**지은이** 이기명
**펴낸이** 주계수 | **편집책임** 이슬기 | **꾸민이** 이슬기

**펴낸곳** 밥북 | **출판등록** 제 2014-000085 호
**주소** 서울시 마포구 양화로 59 화승리버스텔 303호
**전화** 02-6925-0370 | **팩스** 02-6925-0380
**홈페이지** www.bobbook.co.kr | **이메일** bobbook@hanmail.net


ISBN 979-11-5858-803-8 (03300)

이기명 칼럼집

# 내 눈이 마지막 머문 곳

더불어민주당 전 대표, 국회의원

## 이낙연

이기명 회장님을 뵌 지 20년 가까이 됐습니다. 2002년 대통령 선거 기간. 이 회장님은 노무현 후보 후원회장, 저는 대변인으로 만났습니다.

그때부터 저는 이 회장님이 매우 드문 인간형에 속한다고 생각했습니다. 기분도, 이익도, 좋고 싫음도 아닌, '뜻'으로 세상을 사시는 분이라고 느꼈습니다.

제가 처음 뵙기 10년 전부터 이 회장님은 파란만장한 정치인 노무현을 후원하셨습니다. 이 회장님은 '바보 노무현'과 '노풍', 그리고 노무현 대통령의 탄생을 함께하셨습니다. 특히 5공 청문회에서 명패를 내던지던 국회의원 노무현을 이 회장님은 좋아하셨습니다. 그런 일련의 과정은 '뜻'으로 세상을 보시는 회장님의 흔치 않은 안목이라고 저는 해석했습니다.

이 회장님은 말수가 적습니다. 말씀이 짧고 굵습니다. 회장님의 글도 짧고 굵지만, 말씀은 더 그렇습니다. 2002년에 저는 회장님을 자주 뵙는 편이 아니었습니다. 어쩌다 뵈어도, 말수 적은 회장님의 말씀을 듣는 일은 더 뜸했습니다.

그러나 죄송하게도 회장님은 그때의 저를 많이 기억하십니다. 외람되게도 회장님은 그때의 저를 꽤 칭찬해 주십니다. 부끄럽고 고마울 따름입니다.

회장님은 문재인 대통령 후보를 언론 멘토로서 도우셨습니다. 저는 전남지사로 일했기 때문에 2017년 대통령 선거의 일은 잘 모릅니다. 나중에 회장님의 말씀으로 알게 됐습니다.

그런 회장님을 제대로 뵌 것은 2017년 제가 국무총리로 일하기 시작하던 때부터였습니다. 회장님은 부족한 저에게 큰 기대를 걸고 계셨습니다. 제가 총리를 마치고 서울 종로에서 국회의원에 출마하자, 회장님은 제 선거사무소에 출근하다시피 하셨습니다. 그것만으로도 선거판의 헛된 얘기들을 잠재우는 데 도움이 되리라 판단하셨습니다.

회장님은 저를 저보다 더 좋게 평가하셨습니다. 때로 저에게 안 좋은 일이 있으면 아파하셨지만, 회장님은 모든 것을 혼자 삭이며 저를 다독여 주셨습니다. 그런 관계가 지금까지 이어집니다. 회장님은 저에게 선생님 같고, 아버지 같습니다. 노무현, 문재인 대통령의 탄생을 도우신 이기명 회장님의 지도를 제가 받는 것은 과분한 영광입니다.

요즘에도 회장님은 변함없이 새벽 2시면 일어나 글을 쓰십니다. 짧고 굵은 문장으로 세상을 향해 벼락처럼 호령하십니다.

이번에 내신 책『내 눈이 마지막 머문 곳』은 세상에 대한 회장님의 걱정과 분노의 기록입니다. 세상에서 거짓을 몰아내고, 그 자리에 정직을 세우려는 회장님의 외로운 싸움입니다. 세상에 전하려는 회장님의 눈물어린 호소입니다. '뜻'으로 세상을 보고 사시는 회장님의 그 '뜻'입니다.

『내 눈이 마지막 머문 곳』이 이 시대를 사는 사람들에게 어떻게 읽힐지 궁금합니다. 되도록 많은 사람들이 읽고 세상과 스스로를 다시 생각하게 된다면 좋겠습니다.

저는 이 책이 제목처럼 마지막이 아니라고 믿습니다. 회장님의 건강과 건필을 기원합니다. 세상에 회장님의 소망이 이루어지기를 바랍니다.

환경부 장관

## 한정애

내 눈이 마지막 머문 곳 – 나의 조국 대한민국

하루 일이 끝나면 좋든 싫든 잠자리에 든다. 잠들기 전 이런저런 생각을 한다. 마지막 잠들기 전에 내가 한 생각은 무엇인가? 잠들기 전에 내 눈이 머문 곳은 어디인가?

출간을 축하드립니다.

이기명 선생님께서 지난 칼럼들을 묶어 새로운 책을 내셨다. 추천사를 의뢰받고 다시 찬찬히 선생님의 지난 칼럼들을 읽었다. 그러다가 가장 최근 칼럼인 「내 눈이 마지막 머문 곳」에 시선이 꽂혔다.

칼럼을 선생님은 이렇게 시작하셨다.

“하루 일이 끝나면 좋든 싫든 잠자리에 든다. 잠들기 전 이런저런 생각을 한다. 마지막 잠들기 전에 내가 한 생각은 무엇인가. 잠들기 전 내 눈이 머문 곳은 어디인가."

아픔이 스멀거리듯 밀려왔다. 예의 그 비장함이랄까, 혹은 고단함 같은 것이 가슴을 콕콕 찔러댔기 때문이다. 그렇다. 벌써 세월이 그렇게 흐른 탓이다. 그래도 아직은 가셔야 할 길이 멀다는 생각이 앞선다.

이기명 선생님은 국회의원 한정애의 후원회장이시다. 나와의 인연이라면 당연히 노무현 전 대통령으로부터 비롯된다. 노사모 활동도 덤으로 우리를 묶는다. 나는 영국 유학 중에 꽤 열심히 해외 노사모 활동을 했다. 한마디로 우리는 '노무현'으로 통한다.

선생님께서는 흔쾌히 내 후원회장 자리를 맡아주셨다.

"그럼, 당연히 내가 해야지."

국회의원 재선에 막 성공한 어느 날이었다. 정치인 한정애에게 천군만마와도 같은 힘이자 든든한 울타리가 되어주셨다.

그러고 보니, 10년 가까이 정치 일선에서 활동했다. 중요한 순간마다 선생님께서는 가르침을 아끼지 않으셨다. 그 감사한 마음을 차곡차곡 쌓아 올려 대한민국을 '사람 사는 세상'으로 만들어야 한다고 다짐한다.

사람 사는 세상은 차별과 다툼이 없는 평등한 세상이다, 더불어 사는 세상이다. 사람 사는 세상은 갈등과 분쟁이 없는 평화로운 세상이다, 하나 되어 사는 세상이다.

지금 우리는 5천 년 역사상 일찍이 경험해보지 못한 찬란한 '한반도 전성시대'를 목전에 두고 있다. 평화체제 한반도는 그 시발점이다. K-문화, K-방역을 넘어 K-평화를 실현해야 하는 이유다.

'내 눈이 향하는 곳은 내가 사랑하는 한반도의 평화체제 구축이다.'

이기명 선생님의 책 출간을 진심으로 축하드립니다. 시대정신에 목마른 분들에게 선생님의 탁견을 소개하며, 일독을 권해드립니다.

저도 다시금 곱씹어 읽어보겠습니다.

국회의원
**김병기**

'사람 사는 세상', '상식과 정의가 강물처럼 흐르는 나라'. 고 노무현 대통령을 아끼고 사랑했던 분들이라면 익숙한 문장들입니다. 노무현 대통령과 같은 꿈을 꾸신 분, 이기명 회장님의 사고의 조각들이 모여 책으로 탄생한다는 소식에 누구보다 기뻤습니다.

회장님은 오랜 세월 언론인으로서, 작가로서, 그리고 인간 노무현의 후원회장으로서 이 시대의 양심을 지켜왔습니다. 그런 분께서 그동안의 경험과 고민을 바탕으로 써내려간 칼럼을 엮어 한 권의 책으로 풀어낸다니 진심으로 축하할 일입니다.

이 책에 수록된 글에는 바른 정치에 대한 고민, 정치인이 지켜야 할 자세, 유권자들이 가져야 할 태도 등, 이기명 회장님의 냉철하고도 열정적인 정치적 식견이 해박한 지식과 경륜으로 녹아있습니다. 사회적·정치적 문제에 대한 예리한 분석과 통찰은 고개를 절로 끄덕이게 합니다.

오랜 세월 존경받는 어른으로서 한결같음을 유지하며, 많은 가르침을 주시는 이기명 선생님을 제 후원회장으로 모실 수 있음을 개인적으로 무척 큰 영광이라고 생각합니다.

이기명 회장님께서 바라는 정의로운 세상, 세상을 이롭게 하는 정치란 과연 무엇일까요? 이 책을 읽고 깊이 사색해본다면 그에 대한 답을 얻을 수 있으리라 생각합니다. 이 책을 통해 이기명 회장님과의 인연을 시작해보시길 권합니다.

국회의원
## 김의겸

되짚어보니 이기명 선생님을 뵌 지 꼭 20년이다.

2001년 봄 노무현 해수부 장관이 막 장관직을 던지고 대선 행보를 시작할 무렵이었다. 어느 날 노무현 후보를 쫓아서 취재 버스에 올라탔는데, 자리가 없었다. 서서 가는데 멀찌감치 앉아 계시던 한 신사분이 조용히 일어나더니 내 곁으로 다가오는 것이다.

"나, 노무현 후보 후원회장이에요."

그리고는 내내 노무현 자랑이었다. 그때 노무현 후보의 지지율이 3%였다. 난 지지율 30%대의 이인제 후보 담당 기자였다. 노무현 후보가 눈에 들어올 리가 없었다. 그러나 그날 덜컹거리는 버스 안에서 내 마음도 함께 흔들리기 시작했다.

그 뒤 가끔씩 선생님을 뵈었다. 주로 만난 장소는 지금의 사무실이다.

무릎도 제대로 안 펴지는 좁은 골방, 낡은 컴퓨터, 종이 잔에 담긴 믹스 커피 한 잔. 선생님이 누리는 호사는 그게 다였다.

"아이고 이거면 됐지 뭐가 더 필요해. 나 같은 늙은이 글 쓸 수 있는 것만도 어디야."

선생님은 천생 글쟁이다. 젊은 시절 매일 같이 김삿갓 방랑기를 쓰셨으니 지겨울 만도 한데 지금도 이틀이 멀다 하고 쓰신다. 늘 깜깜한 밤중에 일어나 신문 읽고 글 쓰고, 사무실 출근해 글을 완성한다. 건강도 생각하라는 염려에는 "내가 글 안 쓰면 죽어"라며 웃으신다. 아마 지금껏 쓰신 원고지를 이으면 달나라에 닿을 것이다.

20년 동안 선생님을 지켜보면서 의문이 있었다. '저 식지 않는 열정은 어디서 오는 걸까?' 어느 날 문득 느낄 수 있었다. 내가 한참 어려움을 겪던 시기 선생님의 전화번호가 울렸다. 전화를 받았는데 아무런 말씀이 없으셨다. 수화기 너머에서 그저 '꺼이 꺼이' 들짐승처럼 우시는 거다. 한참을 그러시더니 말없이 끊으셨다. 나보다 더 나를 아파하고 걱정해 준 것이다.

어휘력이 짧아 적절한 단어가 떠오르지 않는다. 정情, 그게 내가 고를 수 있는 최근접 표현이다. 나에게 주신 '정'은 물론 사사로운 감정이다. 그러나 선생님이 세상과 정치를 보면서 판단하는 기준으로서 '정'은 칼날 같다. 정직하고 지조 있는 정치인이라면 자신의 심장을 도려내 줘도 아까워하지 않는다. 그러나 그 기준에 어긋나면, 선생님이 꿈꾸시는

'사람 사는 좋은 세상'에 어울리는 사람이 아니라고 판단하면, 찬바람이 쌩하고 분다.

선생님의 글도 그렇다. 에둘러서 말하는 법이 없다. 기교도 부리지 않고 화장기도 없다. 들은 대로 본 대로 곧이곧대로 쓰신다. 엄정한 판단력이 선생님 글의 무기다.

그래서 이 책을 펼치는 사람들은 두려운 마음을 가져야 한다. 자신의 이름이 거론되어서가 아니라 책갈피마다 자신을 돌아볼 수 있는 거울이 숨겨져 있기 때문이다. 선생님이 오래오래 글을 써 주시기를 많은 사람들과 함께 기원한다.

대통령비서실 홍보수석
## 박수현

존경하는 이기명 선생님께서 『내 눈이 마지막 머문 곳』이라는 책을 내셨습니다. 선생님께서 추천사를 부탁했을 때 저의 조건과 처지에도 불구하고 영광이라는 생각을 했습니다. 선생님을 생각하면 청춘의 열정이 떠오릅니다. 선생님은 세월과 싸워서 승리하는 삶도 사셨습니다. 무서운 세월마저도 선생님의 건강을 빼앗지 못하고 있습니다. 불사조와 같은 삶을 사시는 이기명 선생님 책을 추천하는 것인데 제가 두려워할 이유가 무엇이겠습니까.

선생님은 아직도 세상과 적당히 타협하고 불의를 보고 눈을 감을 분이 아니십니다. 노무현 대통령께서 권력 있고 돈 많은 분을 후원회장으로 선택하지 않으시고 오직 사람에 대한 충정과 반칙 없는 삶을 살아온 이기명 선생을 후원회장으로 모신 뜻을 이제는 잘 알 것 같습니다. 노무현 대통령의 선택이 옳았습니다.

선생님은 언제나 어디서나 한결같은 모습으로 세상 사람들에게 말씀하십니다. 정신 차리고 똑바로 살라는 것입니다. 때 묻지 않은 어린이 같은 영혼으로 말씀하셔서 듣는 사람들로 하여금 실제로 정신을 차리게 하는 힘이 있으십니다. 선생님께서는 거의 매일 글을 써서 가까운 사람들에게 보내 주십니다. 선생님이 쓰신 글은 천성의 지혜와 식견을 표현합니다. 형용사가 많거나 글이 어렵지 않습니다. 저 같은 서생들도 선생님의 글에서 영혼마저 정화되고 순수해집니다. 그 천성을 느끼면서 살아온 나날에 마냥 행복했다는 고백을 추천사를 빌려 밝힙니다.

요즘 책을 출판해도 잘 팔리지 않습니다. 사람들은 책이 아니어도 스마트폰으로 넘쳐 들어오는 정보량을 따라잡을 수 없기 때문일 것입니다. 출판사는 이런 실정을 잘 알아서 좀 더 자극적이고 읽기 쉽게 책을 만듭니다. 많은 책들이 영혼 없이 만들어지고 영혼이 없는 책은 독자들에게도 그리 좋은 책이 아닙니다. 그러나 선생님의 책 『내 눈이 마지막 머문 곳』은 다시 읽어보고 싶은 책이 될 것입니다. 변화무쌍한 사회에서 판단이 어려운 상황이 될 때 우리 시대 최고로 정직한 어른의 사유를 펼쳐볼 수 있는 책이 될 것입니다.

이기명 선생님! 늘 우리 곁에서 잘못된 것을 꾸짖어 주시고, 늘 바른 길에 서 있도록 이끌어 주시고, 앞으로도 좋은 글을 써 주셔서 어지러운 세상을 바로 세워 주시길 기원합니다.

# 왜 책을 내는가?

책을 또 냈다. 칼럼집이라는 이름으로 4권째다. 책을 내자는 제의를 받았을 때 또 무슨 책을 내느냐고 했다가 생각을 바꿨다. 책을 내면 사는 사람도 읽는 사람도 있을 것이다. 어디를 굴러다니든 세상에 남아 있을 것이다. 거짓말 안 쓴다고 작심한 글이니까 부끄러울 것은 없다. 욕은 먹으면 된다.

책이 많이 팔리면 돈이 들어올 것이다. 많이 팔렸으면 하는 욕심이 있다. 돈을 벌면 쓸 곳이 참 많다. 여기도 저기도 쓸 곳은 참 많은데 돈이 안 들어오면 어쩌지? 그것도 할 수 없다. 한 가지 자신 있게 말할 수 있는 게 있다. 책에 쓴 글에는 거짓이 없다. 하고 싶은 얘기 다 썼다. 욕도 많이 썼으니까 기분 나쁜 사람들도 많을 것이다. 반성하면 좋고 아니면 늙은 사람한테 물린 셈 치면 된다.

가까운 친구들이 출판기념회를 거창(?)하게 열자고 한다. 난 그냥 웃었다.

내 나이 이제 86세다. 참 많이도 살았다. 겁나는 게 아니라 솔직히 죽는 것을 많이 생각한다. 친구들이 거의 갔다. 내가 올 때를 기다리고 있을 것이다.

벌써 갔을 몸인데 알코올 중독을 기적처럼 벗어났고 아첨 떠는 더러운 글 안 쓰고 마음 편하게 살았으니 제대로 오래 산 꼴이다. 앞으로 얼마나 더 살는지는 모르지만 치사하게 오래 살 생각은 꿈에도 없다. 전에는 죽는 거 무서웠지만, 지금은 하나도 겁 안 난다. 진짜다.

이제 마지막 책까지 냈으니 그런대로 보람있는 인생을 살았다고 자부한다. 그만하면 된 거 아닌가. 지나가고 보면 인생이란 것도 별것이 아니다.

사랑하는 대한민국. 그 안에서 내가 좋아하는 사람들이 행복하게 살았으면 좋겠다.

**2021년 7월 이기명 씀**

# 차례

# I



# II

## Ⅲ



## Ⅳ

# I

# 1 내 눈이 마지막 머문 곳

## – 나의 조국 대한민국

하루 일이 끝나면 좋든 싫든 잠자리에 든다. 잠들기 전 이런저런 생각을 한다. 마지막 잠들기 전에 내가 한 생각은 무엇인가? 잠들기 전에 내 눈이 머문 곳은 어디인가?

### # 86년 살아온 세월

긴 세월이다. 이 긴 세월이 발길을 멈추는 그 순간, 내 눈이 머문 마지막은 어느 곳일까? 요즘 따라 무척이나 많이 생각하는 문제다. 역시 나이란 도리가 없는 것일까? 살아오는 동안 나는 무슨 짓을 하며 살아왔을까? 기억에도 한계가 있어서 까먹은 것이 태반이지만 그래도 기억력에 자신이 있다고 자부하던 터라 많은 것들이 머릿속에 남아 있다.

남아 있는 기억은 어떤가? 자랑할 만한 것들인가? 부끄러운 것들인가? 세월을 절반으로 나눈다면 반은 후회다. 잘못이란 얘기다. 절반은 그래도 사람답게 살아 보자고 애를 썼다고 생각한다. 내가 존경하는 분들 덕이다. 죽어도 잊어서는 안 될 은혜다.

아내가 몸이 안 좋다. 여윈 아내를 보면서 옛날 아름다웠던 그녀를 생각하면 새삼 잘못과 후회로 가슴이 저리다. 거의 알코올 중독이었던 내가 얼마나 지겨웠을까? 우연히 그녀가 쓰다 덮어 놓은 일기장에서 유서를 읽었다. 오죽했으면 유서를 썼을까? 아픈 아내를 보며 그때 생각을 하면 보상할 방법이 없다. 그냥 참회하는 것뿐이다.

마음에도 없는 글을 많이도 썼다. 독재에 아부하던 그 많은 글은 지금도 어느 구석에 굴러다니고 있겠지. 그땐 우쭐했지. 지금도 조·중·동을 비롯한 언론의 쓰레기들은 기사를 쓰면서 얼마나 우쭐하고 있을까? 과거의 나 같은 기자가 있을 것이다. 지금 참회해도 그때의 죄는 사라지지 않는다. 그래도 참회한다. 내가 마지막 길을 떠날 때 눈을 감기 전 내 눈이 마지막 머문 곳은 바로 사랑하는 대한민국일 테니까

# 내 글은 참회록

이제 글쓰기도 무섭다. 글을 쓸 때마다 이번이 마지막이라는 생각을 한다. 그렇기에 마지막으로 책을 내기로 했다. 지금 쓰는 책의 제목이 『내 눈이 마지막 머문 곳』이다. 어쩌면 내 인생에도 마지막 책이 될 것 같다. 출간도 전에 선전이냐고 할지 모르지만, 선전돼서 많이 팔리고 큰 수입이 들어와서 내가 하고 싶은 일을 위해 쓰고 싶다.

노무현 대통령 후원회장 시절에 돈 없는 설움을 많이 겪었다. 어려운 형편으로 사는 후원회원들의 후원금이 몇 푼이나 되겠는가? 젊은 회원

들은 돼지저금통을 들고 뛰었다. 후원회 행사 전날 밤 삼륜차에 돼지 저금통을 잔뜩 싣고 돌아오는 젊은 회원들을 보면서 창피한 줄도 모르고 울었다. 피곤한 줄도 모르고 밤을 새워 동전을 정리했다. 그렇게 우리는 정의를 위해 싸웠다.

2022년 대선을 위한 경선 날짜를 두고 민주당 안에서 말이 많다. 지지율 1위인 후보는 예정대로 하자는 것이고 반대하는 사람들은 연기하잔다. 지금 경선을 하기에는 조건은 어떤가? 무더운 삼복에다 코로나로 모두가 짜증이다. 이 판에 경선으로 지지고 볶으면 국민은 뭐라고 그럴까? 규정에도 있다. 민주당 당헌 88조 2항에 규정이 있다.

'타당한 이유가 있을 때는 당무회의 결의로 결선 날짜를 바꿀 수 있다.'

어떤가? 삼복 무더위, 코로나와의 지겨운 전쟁, 휴가철, 국힘당 상황 등등, 어느 것 하나도 경선을 축제로 치르기에는 부족하다. 선거는 사람이 하는 것이다. 앞에 열거한 여러 문제가 타당한 이유가 아니라면 타당한 이유는 무엇인가? 문제는 경선을 주장하는 사람의 주장이다.

2017년 대선을 앞둔 2016년 이 조항을 들어 경선 연기를 주장했던 사람이 바로 지금 경선 강행론자다. 내가 주장하면 옳고 상대가 주장하면 잘못이라는 인식은 정당한가? 더구나 당시 원안에는 끝장토론이 없었는데 그는 끝장토론까지 주장했다. 자신에게 유리하다는 판단에서다.

자신에게 유리한 것을 주장하는 것은 정치판에서 당연하지만 적어도 지금 그러면 안 된다. 이런 때는 이 말, 저런 때는 저 말, 왔다 갔다 정치인에게 국민이 질렸다.

2017년 당시 대선에서 이 규정을 근거로 경선 연기를 주장한 분이 왜 그때는 되고 지금은 안 된다는 것인가? 자신이 주장하면 옳은 것인가? 지지율 1위의 속이 왜 그리도 좁은가? 근거 있는 주장을 탐욕으로 몰아붙이는 독선이야말로 버려야 할 못된 버릇이다.

'기본소득'이라는 것도 그렇다. 그렇게 말하기 편한 것이 어디 있는가? 재원 걱정은 저리 가라다. 세금 거두면 해결된다는 한 마디면 끝이다. 그런 정치 누군 못하는가? 독선으로 정치가 되는 것은 아니다. 국민을 그런 식으로 기만하면 정치의 정도를 벗어나는 것이다. 선당후사先黨後私는 정치인의 구호다. 바로 정권 재창출이 선당先黨이고 경선 우선은 후사後私다. 이해했을 줄 믿는다.

지도자는 자신의 몸이 깨끗해야 한다. 처신이 맑아야 한다는 뜻이다. 비록 과거에 저지른 과오라서 자신과 무관하다고 우기면 안 된다. 자신이 비난하는 인간들과 다를 것이 무엇인가? 국민은 만만하지 않다. 자신은 뭐든지 뚫고 나갈 수 있다고 하는 자만은 파멸로 가는 지름길이다. 빨리 버려야 산다.

### # 정도를 걸어라, 정직 이상의 자산은 없다

소년 시절의 경험이다. 이웃 동네 애들과 축구시합을 했는데 건방을 떨었다. 실력이 좀 낫다는 자신감이 자만으로 변했다. 눈 깜짝할 사이에 전세는 역전되었고 우리는 패배의 눈물을 삼켰다.

지지율 상위 후보 측근들을 보면 입이 벌어진다. 자파세력이 모든 자리를 장악했다고 한다. 남의 정책도 모두 자기가 한 것이란다. 어제의 지지가 배신으로 돌변한다. 소신이 있다고 여겼던 정치인이 궤변을 늘어놓으며 변심할 때, 분노와 더불어 슬픔을 견디기 힘들다.

내 눈은 벌거벗은 그들의 모습, 그대로를 목격했다. 정치지도자들은 순리를 따라야 한다. 잘 알 것이다. 수단 방법을 가리지 않고 권력을 잡아야 한다고 절치부심할지 모르나 모두가 절치부심하면 나라는 어떻게 되겠는가? 권력쟁취도 정도라는 길이 있다.

이 땅은 우리 민족이 영원히 살아가야 할 곳이다. 억지가 가져올 것은 파멸뿐이다. 한국 정치를 생생하게 지켜본 목격자의 눈으로 충고한다.

'내 눈이 마지막으로 머물 곳은 내가 사랑하는 조국 대한민국이다.'

# 2 아내와의 전쟁

## – 여보, 미안해요

전쟁이란 이름을 붙였으니 대단한 싸움이라고 생각할 것이다. 오해하지 말아라. 부부끼리 흔히 하는 말다툼을 과장한 것이다. 다만 싸움의 성격이 남들과 좀 다르다. 오랜 세월을 그 문제로 다투었기에 전쟁이란 이름을 붙인 것이다.

아내는 부잣집 4남 1녀 외동딸로 20대 초반에 사기꾼(아내가 나한테 하는 말)한테 걸려 시집을 왔다. 그로부터 60년이 흘렀다. 전공하던 성악도 중단하고 애들만 길렀다. 그냥 그렇게 살았으면 남과 같은 평범한 인생이었을 것이다.

정치지망생도 아닌 방송작가가 노무현이란 정치인과 인연을 맺고 그 후부터 나와 아내의 인생이 달라졌다. 나의 인생은 노무현의 인생이었고 아내의 인생은 나와의 전쟁이었다. 맨날 낙선하는 정치인 노무현과 함께하는 나의 인생은 아내의 인생도 낙제인생으로 만들었다.

아내는 평범한 보통의 여성이었다. 아내의 소망은 슬하에 있는 2남 1녀 잘 기르고 물려받은 조상 재산으로 방송작가 아내로서 고생 안 하고 사는 것이었다. 그러나 소망은 사라졌다. 낙선특히 노무현, 그와 함께하는 남편의 삶 때문에 평범한 여성의 생활도 사라졌다. 아내가 가택수색을 꿈이나 꿨겠는가? 맨날 언론에 오르내리는 남편을 보는 게 쉬운 일은 아니었을 것이다.

"용인 법화산 위에 언론사 헬기가 매일 뜬데요. 이기명 회장 산이라고 찍는대요."

아내가 당한 고통을 누가 알겠는가? 국회청문회에서 마산합포 출신 한국당 의원은 나한테 땅 판 돈 100억은 어디에다 썼느냐고 추궁했다. 입을 찢어놓고 싶었다.

**# 내가 정치할 사람이냐**

"나 집 나갈게요."

아내가 아니라 나가는 사람은 나였다. 선거 때만 되면 난 가출하여 부산에 가서 살았다. 아내가 갑자기 부산에 내려와 내가 지내는 꼴을 보고 이게 무슨 짓이냐고 울었다.

노무현이 대통령이 되자 남들은 내가 벼슬이라도 할 줄 알았나 보다. 이런저런 제안도 왔지만 한마디로 사양했다. 대통령도 하고 싶은 거 없느냐고 물었지만 나는 웃으며 거절했다. 나는 능력이 없다.

아내는 좋아했다. 이제 청문회도 끝나고 식구끼리 잘 살 수 있겠지? 그러나 비명에 노무현 대통령은 떠나고 난 고아가 됐다. 이런 빌어먹을 세상이 있단 말인가? 사람은 물론 하늘도 원망했다. 이를 갈았다. 천신만고 끝에 문재인 대통령이 당선됐다. 아내는 이제는 조용하게 살 줄 알았다.

“여보. 옛날 노 대통령이 당신한테 하고 싶은 거 말하라고 해도 다 싫다고 했잖아요. 언론사 노조에서 사장하라고 해도 거절했잖아요. 당신은 벼슬 바라는 사람도 아닌데 이제 집에서 조용히 삽시다. 난 정치라면 지긋지긋해요.”

백번 옳은 말이다. 얼마나 고생을 했는가?

대통령이 하고 싶은 거 말하라고 해도 다 싫다고 했다. 한데 지금 하는 짓은 뭔가? 밤새 글을 쓰고 녹초가 되는 일을 왜 반복하는가?

아내가 무슨 소릴 해도 할 말이 없다. 그러나 가만히 있을 수가 없다. 이대로 가는 건 내가 견디지 못한다. 난 해야 한다. 나쁜 놈들과 싸워야 한다. 그게 노무현 정신이다.

# 왜 이낙연인가

이낙연 의원을 돕는 것, 그게 내가 할 수 있는 최선의 의무다. 누가 나에게 강요했나? 아니다. 내가 옳다고 믿기 때문에 하는 것이다. 나의 수명도 이제 한계에 가깝다. 편하게 살자는 아내 말을 듣는 것이 편한 노후임은 틀림없다. 그러나 안되는 걸 어쩌랴. 나 자신도 도리가 없다. 내가 선택한 운명이다.

# 아내여, 미안하다

아내도 내가 포기 안 할 것을 안다. 내가 가출을 해서 집을 돌보지 않을 때 아내는 자살까지 생각했다. 과연 나의 애국심은 가정보다 우월한가? 내가 발버둥 친다고 뭐가 달라지는가? 그런 의문이 들었다. 그래도 가만히 있을 수가 없다.

완벽하지는 않아도 이낙연의 신뢰, 성실, 정직, 추진력을 믿는다. 사람들은 내가 벼슬 안 한 것을 신뢰의 근거로 말한다. 뭐라고 대답할 수가 없다. 한 가지만은 분명하다. 난 정치할 능력이 없다. 노 대통령도 말했다.

"선생님은 할 능력이 없다."

80이 넘은 아내의 건강, 마찬가지로 80이 넘은 내 건강, 아무리 발버둥 쳐도 도리가 없다. 그러나 죽을 때까지 멈추지 않을 것이다. 따라서 아내와의 전쟁도 계속될 것이다.

사람마다 기호는 다르다. 이낙연을 싫어하는 사람도 있다. 도리가 없다. 그러나 한 가지만은 분명히 하자. 이건 사람의 좋고 싫고의 문제가 아니다. 국민은 지금 잘못된 선택으로 대통령이었던 두 사람의 악행을 겪었고 보았다. 잘못 뽑은 대통령으로 인해 나라가 잘못되고 국민이 불행해지는 아픔을 겪었다.

냉정해야 한다. 어떤 지도자를 선택하느냐에 나라의 운명, 우리 모두의 운명이 걸려있다. 그렇기에 아내에게 글로나마 하고 싶은 한마디를 건넨다.

"여보 팔자인 걸 어쩌겠소. 여보, 미안해요. 내세에는 당신이 남자로 태어나구려."

# 3 대통령 후보들과 품격

## – 대통령은 품격이 필요치 않은가?

내게는 많은 친구가 있었고 그들은 각양각색이었다. 아주 공부를 잘 하는 친구가 있고 주먹이 센 녀석이 있는가 하면 새색시처럼 곱고 얌전한 친구도 있었다. 지금 생각하면 이름도 잊어버린 친구들이 많다. 물론 기억 속에 소중하게 보관된 친구도 있다.

고등학교 동창 중에 1·4 후퇴 당시 개성에서 17세의 나이로 혈혈단신 피난 온 친구가 있었다. 우연히 그는 내 짝이었다. 낮에는 학교에 다니고 밤에는 용산에 미군 부대에서 하우스보이로 일했다. 밤늦게까지 일했는지 수업시간에 깜박깜박 졸았을 정도였는데 그런 조건 속에서도 그는 학교에서 학비를 면제받는 특대생이 되었다. 그는 개성에서 잘 사는 집안의 아들이었는데 위장병이 심한 어린 아들을 객지에서 고생시키면 낫는다는 속설을 그의 부모님께서 믿고는 강제로 피난 보낸 것이었다. 개성사람들은 참 무섭다.

나는 그를 무척 좋아했다. 나는 싫다는 그를 억지로 달래서 우리 집에 데려와 함께 있도록 했다. 가정이라는 울타리 안에서 살도록 해주고 싶어서다. 명목은 나의 가정교사였다. 그는 서울의대에 우수한 성적으로 합격했고 학점도 상위권이었다. 의대 졸업 후 그는 군의관으로 임관하고 예편 후 미국으로 유학, 학위를 받아 미국의 저명한 심장내과 교수가 되었다. 이 친구는 한국 심장내과 학계에서도 다 알 정도로 유명한 인물이다.

# 최고의 인격은 품격

왜 그 친구 얘기를 장황하게 하는가? 바로 그의 품격 때문이다. 고등학교 때 선생님들도 그를 참 조심스러워했다. 그가 질문하면 대답을 잘 못 하는 선생님도 많았다. 그래서 질문도 잘 안 하고 혼자 해결했다. 그가 미국에서 교수생활을 할 때는 한국에서 유학 간 기자들의 편의를 봐줬다. 유명한 앵커 한 분도 그 친구를 더없이 칭찬한다. 품격을 갖춘 사람들의 마음에는 국경이 없다. 내 친구와 교류하는 사람들의 공통된 평가는 훌륭한 품격이었다.

한국에서 손꼽는 재벌회사의 종합병원에서 그를 원장으로 초청하려고 했는데 그는 완곡하게 거절했다. 나중에 그에게 거절이유를 물으니 그 병원에서 의사로서 양심적 역량을 펼 수 없으리라 판단했다는 것이다. 그런데 그 재벌회사의 총수는 거절당하고도 내 친구를 평가하기를 그렇게 품격을 갖춘 사람은 처음 봤다고 입에 침이 마르도록 칭찬을 했단다.

품격은 인간이 소유한 가장 높은 경지의 덕목이라고 믿는다. 눈에 보이는 것은 아니지만, 가슴에 스며드는 품격은 자신도 모르게 그를 존경하게 된다. 나는 사람을 사귈 때 가장 주목하는 것이 품격이다. 제아무리 공부를 많이 하고 재산이 많아도 품격이 없으면 내게는 꽝이다.

### # 대통령 출마자들의 품격

이 나라의 대통령감이 이렇게 많은 줄은 미처 몰랐다. 내가 관심이 많은 사안이어서 다른 사람들과 후보들에 대한 평가를 많이 한다. 정치평론가, 정치부 기자, 정당인 등 몇 명이 이런저런 얘기를 하다가 개별평가를 하게 됐다. 지지하는 후보들도 제각각이어서 저마다 자기 지지자 칭찬이 대단한데 한 가지 놀라운 것은 품격에 대해서는 아무도 언급을 하지 않는 점이었다. 유일하게 나만이 품격을 언급했다. 각자 품격을 말해보라는 내 제안에 모두 묵묵부답이다. 나만이 지지자에 대한 품격을 말했고 내 말에 반론을 제기하는 사람은 아무도 없었다. 무척 기분이 좋았다.

그중 하나가 내게 물었다.

'품격이 밥 먹여주느냐고' 이럴 때 뭐라고 할까? 잠시 고민 후 내 입에서 말이 나왔다.

"품격은 그 인간의 바탕이라고 생각한다."

아무도 반론을 제기하지 않았다. 나중에 생각했다. 역시 저들도 품격의 소중함을 모두 느끼고 있구나.

누가 지금 이 글을 읽는다면 이낙연 전 대표 얘기를 하는 것이라고 짐작을 할 것이다. 그렇다. 비교적 그와 대화를 할 기회가 많은데 늘 느끼는 것은 품격을 갖춘 지도자라는 믿음이다. 내게는 아주 중요한 것이다. 왜냐면 나는 사람을 평가할 때 품격에 매우 높은 점수를 주기 때문이다.

세월은 아무리 사정을 해도 가기 마련이고 민주당의 대통령 후보도 결정될 것이다. 후보들에게 꼭 당부하고 싶은 말이 있다. 품격을 갖추라는 것이다. 품격이 하루아침에 생기는 것은 아니지만, 주위의 평가를 들으면 대충 자신의 품격이 어느 정도 평가를 받는지 알 것이다. 품격은 행동과 말로써 전달된다. 국민들이 지켜본다.

품격을 갖춘 후보자로 평가받기를 간절히 바란다.

# 4 "약 좀 팔겠습니다"

## – 그때는 멋있던 약장수 아저씨

### # 애들은 가라

곰 가죽을 깔고 앉은 약장수 아저씨의 청산유수 달변은 NG가 없다.

"산에 가야 범을 잡고 물에 가야 고길 잡고 아들인지 딸인지는 낳아 봐야 알고, 자아, 애들은 가라 애들은 가."

구경꾼은 조무래기 초딩들 뿐인데 약장수 아저씨는 연신 애들을 쫓는다. 하기야 아저씨가 파는 약이라는 게 애들에게는 아무 소용없는 가짜 정력제(그땐 몰랐다)니 애들은 전혀 도움이 안 된다. 그러나 애들은 약장수 아저씨의 만담과 익살이 재미있어 자리를 뜰 줄 모른다.

우리가 초등학교 시절 많이 본 약장수 아저씬데 요즘은 거의 보기 힘들다. 구경거리가 없던 그 시절, 약장수의 재담은 큰 구경거리였다. 그러나 지금은 약장수가 아니라도 구경거리는 얼마든지 있다. 지금은 애들은 가라고 쫓을 필요도 없다. 초딩들도 핸드폰으로 뭐든지 볼 수가 있다.

### # 새로 등장한 약장수

무슨 약장수가 새로 등장했는가? 국민들은 의아해할 것이다. 그러나 사실이다. 대통령 후보 여론조사 1위의 정치인이 한 말이니 믿지 않을 수도 없다. '빙빙 돌리지 말고 탁 털어놓고 얘기해라' 벌써 국민들은 다 알고 있다. 누가 약장수를 만들었고 누가 약장수가 됐는지 국민들은 다 알고 있다. 당분간 약장수 논쟁은 여의도 정치바닥을 시끄럽게 할 것이다.

동아일보 기자 출신의 민주당 한 초선의원이 가짜 약장수가 된 사연은 이렇다.

초선의원들이 당의 앞날에 대해 이런저런 의견을 교환했다. 한데 이런 의논이 가짜 약장수로 전락해 버린 것이다. 그럼 누가 이들을 가짜 약장수로 전락시켰는가? 밝히지 않아도 다들 알 것이다.

이미 여러 언론매체에서 논란이 됐다. 왜 하필이면 약장수였을까? 아무리 요즘 값이 나가지 않는 국회의원이라 할지라도 그래도 명색이 국민의 대표라는 국회의원이 아닌가. 거기다가 사기로 약이나 파는 약장수로 비유했으니 화도 날 만하다.

# 말의 품격

인사를 나누고 잠시 대화를 하다 보면 자연스럽게 상대의 인품을 생각하게 된다. 언어다. 말 속에 품격이 들어 있다. 아무리 말에다 그럴듯한 색깔을 입혀도 잠시 후면 속이 드러난다. 감출 수가 없다.

뭐 그까짓 약장수란 표현이 무슨 문제가 되느냐고 할지 모르나 바로 그런 생각이 바로 품격의 문제다. 약장수로 전락한 국회의원도 견디기가 힘들 것이다. 말 같지도 않으니 가만히 있어야 하는가? 속이 끓을 것이다. 표현 내용을 보면 몹시 심하다.

'가짜 약장수가 묘기로 약을 팔던 시기는 지났다' 이 정도는 괜찮은가?

지금 지지율 1위로 정상을 달리고 있으니 무슨 말을 하든지 또는 말 좀 몇 마디 잘못하기로 그게 무슨 대수냐 생각할지 모르나 그건 자기 생각이다. 이미 실수의 수준을 넘어선 말로 국민에게 실망을 준 전력이 있다.

자신도 잘 알 것이다. 실수 연발이다. 심각한 수준에 이르렀다고 봐야 한다. 앞으로는 사과해도 국민이 그 사과를 믿어 줄지 의문이다.

자신은 그까짓 욕설(?)쯤 하면서 대범하게 생각할지 모르나 그렇게 생각하는 것은 자신뿐이다. 국민이 관대할 이유가 없다. 국민은 품격 있고 격조 높은 지도자를 원하는 것이다. 그것은 국민이 가진 누구도 침범할 수 없는 권리다. 국민이 지켜볼 것이다.

가짜 약장수의 거짓말은 문제가 안 된다. 어차피 가짜를 파는 것이기 때문이다. 그러나 정치지도자는 다르다. 품격 있는 말이 쌓여 존경이 되고 국민의 신뢰도 역시 굳어진다.

말 한마디로 천 냥 빚을 갚는다고 한다. 그럼 반대로 한마디로 천 냥 빚을 질 수도 있다. 그런 정치인을 국민들은 많이 보고 있다. 가짜 약장수도 이득을 보자고 약을 판다. 손해나는 약장수를 왜 하고 있는가?

가만있자. 지금 내가 약장수가 된 것은 아닌가? 이득을 봤는가? 손해를 봤나? 재미도 없는 약장수 노릇을 한 것 같다. 사과한다.

# 5 부끄러운 글쓰기

## – 글쓰기 깡패는 따로 있는가

사람들은 자신이 하는 일에 나름대로 자부심을 느낀다. 친구 중에 소위 말하는 깡패인 친구가 있었다. 한데 이 친구의 자부심이 대단했다.

“너희는 나한테 깡패라고 하지만 난 한 번도 나보다 약한 놈 괴롭힌 적 없다. 억울한 놈들, 나보다 더 많이 도와준 놈 있으면 말해 보라고 해.”

생각해 보니 그 녀석 말에도 일리가 있다. 실제로 나도 억울한 일을 당했을 때 그 친구에게 도움을 받았다. 사람마다 평가의 기준은 다르다. 얼마 전에 기막힌 얘기를 들었다. 모 언론사의 어느 기자를 지적해서 하는 평가였다.

“그 자식이 기자라고? 기자가 다 죽었냐? 기자가 아니라 깡패다 깡패.”

이게 무슨 소린가? 오로지 사회정의를 위하여 볼펜 한 자루 들고 불의와 불철주야 몸부림쳐 싸우는 기자를 깡패라고 하다니. 이게 무슨 말인가? 도대체 무슨 기사를 어떻게 썼길래 저런 참혹한 소리를 듣는가? 요새는 세상이 하도 좋아서 어느 구석에 숨겨놓은 기사도 찾아볼 수가 있다. 찾아서 읽었다. 말을 잃었다. 왜 말을 잃었을까?

# 깡패란 평가는 너무 좋은 평가다

기사에 대해서는 언급을 않겠다. 내가 창피해서다. 이걸 기사라고 쓰다니. 내가 언론사와 기자 이름을 밝히지 않는 것은 내가 그 기사를 읽었다는 사실이 부끄러울 정도이기 때문이다.

기자도 사람이니까 오보를 낼 수도 있다. 부득이 왜곡보도도 있을 수 있다. 그러나 그 뒤에는 책임이 따른다. 지금처럼 한국 언론이 국민 입에 회자되는 경우는 드물다. 언론의 잘못에 대해서 징벌적 손해배상을 해야 한다는 여론은 가짜 여론이 아니라 진짜 여론이다. 민주당에서 입법한다고 하던데 나는 말만 무성하리라고 확신한다. 왜 그럴까? 민주당에 물어보면 알 것이다.

# 나는 언론 깡패가 아니었던가

글을 쓸 때마다 약방에 감초처럼 빠뜨리지 않는 것이 있다. 바로 사과요 참회다. 내가 살아온 인생의 절반은 오물이었다고 자책하기 때문이다. 이제 사람답게 살자고 작심을 했기 때문에 두려움 없이 글을 쓴다.

과거에 내가 쓴 글을 깡패의 폭력이라고 지적한다면 난 감수한다. 사실이기 때문이다. 그 대신 지금 참회하고 반성하는 나를 관대하게 생각해 주기 바란다. 나는 돌아가신 노무현 대통령과 집권 중인 문재인 대통령, 그리고 이낙연 의원에게 거짓 글을 쓰지 않기로 맹세했다. 목숨을 내놓을 수도 있다. 얼마 못 살 인생, 거짓을 쓸 이유가 없다.

양심적인 지식인 사회에서 조·중·동은 어떻게 평가를 받고 있는가?

내가 젊었을 때 동아일보는 나의 자존심을 대신해 주는 정론이었다. 동아일보 기자는 선망의 눈으로 바라보는 대상이었다.

한겨레 사장이었던 송건호 선생은 내 고등학교 은사이자 담임선생이셨다. 그리고 나는 한겨레 창간주주이자 한겨레 옹호론자였다. 하지만 이제 어떤가? 너무나 많이 변한 세상이다. 언론 민주화를 외치며 거리를 누비던 기자들은 지금 모두 어디를 갔는가? 지금 언론노동조합은 언론 민주화의 장애가 된다는 지적을 부인할 수 있는가? 그들이 무서워서 언론개혁은 입에도 못 꺼낸다는 말을 부정할 수 있는가? 가슴이 답답해서 차라리 터져 버렸으면 좋겠다.

### # 이제 글쓰기도 힘이 든다

글쓰기 깡패 소리를 지금도 들을지 모른다. 내게 참혹한 욕을 듣는 사람들도 많다. 그러나 나는 조금도 후회를 하지 않는다. 왜냐면 난 정의롭다는 확신을 가지고 있기 때문이다. 우리 모두 이제 글쓰기 깡패란 소리를 듣지 않고 살도록 하자. 그럼 틀림없이 우리의 조국 대한민국은 살기 좋은, 사람 사는 세상이 될 것이라고 확신한다.

# 6 '빽' 하고 죽은 졸병

## - 군대 안 간 지도자들

조국을 지키는 병역의무는 자랑스러운 일이다. 군 생활을 할 수 없는 질병이 아니면 누구나 병역의무는 다해야 한다. 하지만 그렇지 않은 경우도 있었다. '빽' 하고 전사한다는 유래다. 전쟁터에서 싸우다가 적탄을 맞았다. 병사는 숨이 지면서 '빽'이라고 했다. 왜 '빽'이냐? '빽'이 없어서 죽는다는 한 맺힌 소리다.

6·25 전쟁 발발 이후, 수많은 젊은이가 전쟁터에서 전사했다. 대학에서 공부하던 학생들도 입대했다. 이유야 어떻든 남의 나라에 와서 전사한 외국인 군인도 있다.

한국전에 참전했던 미8군 사령관인 벤프리트 장군의 아들 '지미 벤프리트' 중위는 폭격기 조종사로 북한 상공에서 실종했다. 미군 장성 45명의 아들이 한국전에 참전했고 그중 31명이 전사했다고 한다. 우리나라 장성급의 아들은 입대했는지는 과문한 탓인지 모르겠다.

# 군대를 왜 가니?

군대 안 간 선배에게 물었다. 그의 대답이 잊히지 않는다.

"내가 바보냐? 군대를 왜 가냐?"

그의 부친은 정부 고관이었다. 나는 말을 잃었다. 전쟁 중에 미국으로 날아가 하버드를 나온 친구도 있다. 종전 후에 귀국해서 정부 고위직에 올랐다. 모임에서 그 친구에게 '군대 문제 어떻게 해결했느냐?' 질문 한 마디를 했다. 우물쭈물 대던 친구는 잠시 후 슬그머니 자리를 떴다. 그것도 양심이니 대견하다면 대견한가?

해군사관학교 럭비선수던 고등학교 동창이 있다. 해병대 대위로 월남전에 중대장으로 참전했던 친구다. 한동안 현충일이면 그 친구와 함께 국립묘지에 갔다. 자신의 연락병이던 사병이 월남전에 참전했다가 치열한 전투에서 바로 중대장이던 그 친구 앞에서 베트콩의 총을 맞아 전사했다. 그가 아니었으면 내 친구가 전사했을 것이다. 친구는 부하의 묘지 앞에서 눈물을 훔쳤다. 자기 대신 전사했다고 생각하는 것이다.

월남전에서 전사하고 부상당한 친구들이 있다. 나도 사관학교 럭비선수였기에 군대 스카우트 대상이었지만 평생 직업군인에 종사하는 것은 자신이 없어서 포기했다. 사관학교 갔으면 내가 국립묘지에 누워 있을지 모른다. 나의 군 생활이 궁금한가? 난 지원병이다. 군번 1043XXXX, 34개월 20일 동안 군대 밥을 먹었다. 병사구사령부 고위직이던 매형이 싫으면 가지 말라던 군대를 지원해 갔다. 자랑도 아니고 좋아서도 아니라 가야 하기 때문에 간 것이다.

적어도 국가의 지도자가 되겠다는 사람이면 군대는 다녀와야 한다. 이런저런 이유 댈 것 없다. 군대 다녀와야 사람이 된다. 안 갔으면 이유불문 사과해야 한다. 사과할 이유가 있을 것이다.

# 정치지도자의 조건

대통령감이라고 명찰 달고 하늘에서 뚝 떨어진 것이 아니다. 사람은 여러 가지 결함이 있다. 국민이 선택할 지도자는 되도록 결함이 덜한 인물이어야 한다. 우리는 많이 실패했다. 감옥에 가 있는 전직 대통령을 보면 안쓰럽다. 어쩌다가 저 지경이 됐단 말인가? 국민은 잘 선택해야 한다.

내가 선택하는 대통령 후보는 무조건 군대 갔다 와야 한다. '빽' 하고 죽은 졸병 생각을 해서라도 병역미필자는 대통령직을 포기해야 한다는 것이 내 믿음이다. 내가 지지하는 정치가는 모두 군대를 다녀왔다. 이상하게 모두들 졸병 출신이다. 군대 맛을 본 사람들이다. 군대 안 갔으면 지지하지도 않았을 것이다.

정직한 사람이어야 한다. 도덕적이어야 한다. 신뢰가 있어야 한다. 이런 몇 가지 조건을 갖추지 못했다면 스스로 포기해야 하며 안 하면 국민이 잘라야 한다. 두 손을 휘저으며 "믿습니까"를 세 번이나 외치던 사람은 지금 감옥에 있다.

이제 우리도 쓸 만한 대통령 한 번 뽑아보자. 과연 누가 나라를 제대로 이끌 것인가? 냉정하게 판단하고 선택하자. 나중에 후회해도 소용없다.

# 7 유서를 써라

## – 미리 쓰는 유서

죽은 사람이 남긴 말을 유서라고 한다. 사람이 언제 죽을지 모르고 죽은 다음에는 말을 못 하니 미리 할 말을 해 두자는 것이다. 과연 유서에는 할 말을 다 할 수 있을까? 천만의 말씀이다. 유서에도 뺄 말은 다 빼게 되어 있다. 왜냐면 죽은 다음에도 창피한 것은 역시 창피하기 때문이다.

그럼 유서는 왜 쓰는가? 할 말이 있기 때문이다. 죄 진 것도 없이 사형이라는 말 한마디로 형장의 이슬로 사라진 죄 없는 사형수들은 얼마나 할 말이 많을 것이냐? 할 말이 아무리 많으면 무슨 소용이랴. 어떻게 말을 남긴다는 말이냐? 죽은 자는 입이 없다. 유서를 남기는 이유다.

누구나 인간은 내놓고 하지 못할 말이 있다. 내놓고 하지 못할 말이 진실이다. 박정희의 가슴에는 무슨 유언이 있을까? 전두환은? 박근혜는? 이명박은 무슨 유언을 가슴에 품고 있을까?

### # 공개 못 하는 유언

유언을 쓴 경험이 있다. 6·25 때 시골에 피난을 갔는데 장티푸스(염병)가 유행했다. 그때 감기가 들었다. 염병에 걸린 줄 알았다. 어린 나이에 이제 죽었구나 생각했다. 가장 먼저 떠오르는 것이 어머니한테 잘못한 일들이다. 공부 안 하고 말 안 듣고 말썽 피우고. 난 공책에 유서를 썼다. 눈물을 흘리며 유서를 썼다. '어머니 잘못 했습니다'

잠이 깨 보니 어머니가 내 유서를 보고 계셨다. 날 물끄러미 보고 계셨다. 난 또 울었다.

"죽지 않을 테니 아무 걱정 마라."

어머니가 날 안아주시며 우셨다. 나의 최초 유서다.

가슴속에 유서는 수도 없이 많다. 수 없이 유서를 쓴다. 지금도 쓴다.

### # 유서를 써라

죄 진 놈들이 다 털어놓고 나면 속이 후련하다고 한다. 그렇다고 돌아다니며 죄를 나팔 불 듯 퍼뜨리고 다닐 수도 없다. 방법은 유서다. 공개하지 못할 마음속 유서다. 흔히 일말의 양심이라고 하는데 인간에게는 일말의 양심이라는 게 있다. 아무리 죽이려 해도 안 된다. 자신의 것이라 해도 맘대로 죽일 수 없다. 죽을 때까지 가슴에 품고 살아야 한다. 죽어보지 않았으니 모르겠지만, 육신은 죽어도 양심은 살아 있지 않을까 싶다. 영원불멸의 양심이다.

오랜 수사관 생활을 하던 친구가 한 말이 있다.

"죄가 없다고 그렇게 버티던 놈이 자백한다. 눈을 보면 안다. 자백한 다음에 눈빛이 맑아진다. 마음속 고통이 사라지는 것이다."

국회 단상에 올라 사자후가 아닌 '생쥐후'를 토한 의원들은 마치 자신이 세상에 옳은 소리를 다 모아 쏟아놓은 것처럼 생각할지 모르지만, 양심의 눈은 그 말을 꿰뚫어 보고 있다. 그 말 중에 몇 마디나 가슴에 남는 유서로서 영원히 존재할 것인가?

정치는 정의와 불의 사이에 존재한다. 올바른 정치인은 정의를 말하고 사악한 정치인은 불의를 말한다. 물론 위선이다. 사악한 자들의 위선이 잠시 정의인 듯 보이지만 금방 들통이 난다. 지금도 우리는 목격하고 있다. 여론이란 이름으로 염색한 가발을 썼지만, 염색은 탈색되고 가발은 양심의 바람으로 벗겨지게 되어 있다.

# 민주당은 유서를 써라

유서는 죽은 다음에 공개되는 것이다. 가짜 유서도 있는가? 물론 있다. 그러나 가슴속 유서는 가짜가 없다.

조국 교수와 관련하여 민주당이 사과했다. 무슨 사과인가? 무엇을 잘못했는가? 언론에 잘못했는가? 검찰에, '국민의힘'에 잘못했는가?

유서를 써라. 무엇을 잘못했는지 써라. 송영길을 비롯해서 민주당 간부들은 양심의 살점을 떼어서 피로써 유서를 써라. 가슴이 후련해질 것이다.

# 8 탈당 권고, 12명의 민주당의원

## - 순응하라, 그것이 바른 정치다

소도둑을 잡았다. 도둑이 변명한다.

"난 절대로 소도둑이 아니다. 집에 와 보니 내 고삐에 소가 매달려 왔더라."

무슨 일에든지 핑계는 다 있다. 오죽하면 미아리에 핑계 없는 무덤은 없다고 했으랴? 최근에 큰 사건이 하나 터졌다. 민주당의원 12명이 부동산투기 의혹으로 당으로부터 탈당 권유를 받았다. 이들은 현역의원이다. 그중에는 당의 원내대표를 지낸 중진의원도 포함되어 있다. 당으로서는 이만저만 큰일이 아니다.

이 문제는 당의 문제로 끝나는 것이 아니다. 집권여당의원 12명의 부동산투기라니. 지금 부동산투기라면 온 국민의 신경이 곤두서 있는 심각한 문제다. 부동산투기에 대한 원망은 저주에 가깝다는 것을 당은 너무나 잘 알 것이다. 서울·부산시장 선거에서 참패해서 당이 초상집이고 대선은 이제 코앞에 다가왔다. 국회의원들의 부동산투기는 그야말로 엎어진 놈 등 밟는 격이다.

민주당에 비상등이 켜졌다. 아니 이 사건을 우습게 안다면 정치 그만

두겠다는 것이나 다름이 없을 것이다. 민주당은 간판 뗄 각오가 되어 있는가?

# 원인 제공자가 책임을 져라

국민은 이 사건에 대해서 어느 정도 이해하고 있는가? 이해가 필요 없다. 그동안의 정치인들 행태를 너무나 잘 알고 있는 국민이다. 국민이 질문한다.

"당신들의 잘못을 인정한 적이 있는가?"

할 말이 없을 것이다. 생각한 그대로다. 모두 죄가 없다고 한다. 이런 세상에! 그럼 당이 죄 없는 국회의원을 때려잡는단 말인가? 억울한 심정은 이해한다 해도 마치 죄 없는 사람을 때려잡는다는 식으로 저항해서는 안 된다. 아무도 인정 못 한다. 원인 제공자가 누군가?

이럴 때 큰 정치인의 모습을 보여줘야 한다.

"좋다. 억울한 점이 있다. 그러나 원인 제공자는 나 자신이다. 당의 결정을 받아들인다. 하지만 나중에 당의 결정이 잘못됐으면 명예를 회복시켜 줘야 할 것이다."

이것이 올바른 정치인의 모습이 아닌가? 아니 이런 정치인을 보면 국민은 또 다른 감동을 느낄 것이다.

왜 한국의 정치인은 이토록 통이 작은가? 그들도 국민 여론을 들었을 것이다. 여론은 이번 민주당의 결정을 쌍수로 환영한다. 심지어 민주당이 이제 국민의 여론을 제대로 수용하는 정당이 되었다고 찬사를 아끼지 않는다. 민주당은 진정한 국민의 소리를 듣고 수용해야 할 것이다.

문득 기막힌 생각을 했다. 이 세상에 욕이라도 있는 게 얼마나 다행스러운 일인가? 욕도 없었으면 속 터져 죽는 사람이 엄청 많을 것이라는 엉뚱한 생각을 했다. 나도 욕이 없었으면 글을 어떻게 쓸 수 있었을까?

옛날 죄도 없이 양반에게 억울하게 곤장을 맞는 이른바 상것들의 화풀이는 속으로 욕을 하는 수밖에 없었을 것이다. 겨우 마당에서 얼쩡거리는 죄 없는 똥개를 발로 차는 것도 화풀이라고 할 수 있겠지.

'이 세상에 쌍욕이 없다면 무슨 재미로 이리 보고 쌍욕. 저리 보고 쌍욕, 쌍욕이 최고야!'

화나신 분들은 여기에 곡을 붙여서 노래를 불러 보시라. 물론 마음속으로다.

# 자유다, 맘 놓고 욕 좀 해 보자

"@$&?ljyfdWQqWW?&3#@WKKG

%&#@$&?ljyfdWQqWW?&3#@WKKG

&#%@$&?ljyfdWQq**+MW?&3#@WKKG

@$&?ljyfdWQqWW?&3#@WKKG"

위에 쓴 글이 무슨 뜻인지 모를 것이다. 그냥 웃을지도 모른다. 늙은이가 끄적거린 낙서를 누가 알겠는가? 그러나 위에 글은 그저 낙서가 아니라 의미 있는 욕이다. 다만 나 홀로 알고 있는 나만의 글로 욕을 쓴 것이다. 무슨 욕이냐 묻지 말아 주길 바란다. 공개할 수가 없다. 풍기문란죄로 쇠고랑 찬다. 왜 그 짓을 했느냐 묻는다면. 바로 여러분을 위해서이다.

지금부터 속이 상해 욕이라도 하고 싶은데 맘대로 할 수는 없고 펄펄 뛸 것 같은 사람은 내가 앞에 써 놓은 나의 욕을 빌려 쓰도록 하라. 돈은 안 받는다. 다만 소리를 내서 하면 안 되니까 속으로 하길 바란다. 어떤 욕이든지 자유다. 내가 쓴 글에다 마음속에 욕을 얹어서 하면 된다.

욕을 할 자유를 제일 먼저 대통령에게 준다. 얼마나 속이 상하는 일이 많겠는가? 대통령 체면에 욕을 할 수도 없으니 내가 쓴 욕 위에다 맘속으로 하고 싶은 욕을 붙여서 하면 된다.

대통령뿐이 아니다. 대법원장, 여·야당의 대표들, 국회의원들 맨날 말도 되지 않는 소리를 떠들어 대는 언론을 향해 맘대로 욕을 하라.

졸병들은 선임하사, 소대장, 중대장, 사단장, 참모총장, 순경은 경찰서장, 청장, 검사들은 검찰총장… 이러고 보니 이 욕에서 피해갈 수 있는 사람은 하나도 없는 것 같다. 자유의 공간이다.

정치인들도 언론에 할 욕이 많다. 대놓고 기레기라고 못하는데 여기서는 맘대로 할 수 있다. 조·중·동 기레기, 그중에서 형편없는 기레기들 실명으로 욕을 해도 된다. 단 마음속으로 하라.

기자들도 맘 놓고 욕하라. 형편없는 정치인들, 공직자들 맘 놓고 욕하라.

### # 이재명과 기본소득

‘기본소득’에 대해 비현실적이라고 지적하는 사람들에게 이재명 지사는 속이 거북할 것이다. ‘기본소득’ 딜레마에 빠졌느니 이제 버려야 하느니 말들이 많다. 이해찬 대표가 이 지사에게 했다는 ‘기본소득’에 대한 비판도 전해지고 있다.

“기본소득에 관해 얘기하려면 앞으로 내게 전화하지 말라.”

이 지사로서는 무척이나 가슴 아픈 얘기지만 그냥 무시할 수도 없다. 국가 예산의 절반이 날아간다는 비판도 있다. 이게 가능한가? 비현실적이다. 이재명도 깨달았는지 SNS에서 기본소득 관련 댓글들이 꼬리를 감추었다. 이유가 어디 있는지 그들은 알 것이다.

### # 영원한 거짓말은 없다

한 사람을 잠시 속일 수는 있다. 많은 사람을 잠시 속일 수도 있다. 그러나 모든 사람을 영원히 속일 수는 없다. 바람이 없으면 숲은 조용하다. 그러나 미풍이라도 불면 흔들린다. 그러다가 큰바람이 불면 모두 일어나 외친다. 국민은 큰 숲과 같다. 잠시 국민을 속일 생각으로 정치하면 안 된다.

매를 맞고 설사 정치를 못 하게 되는 한이 있어도 정직해야 한다. 정직해야만 정치의 정도다. 이재명 지사가 ‘기본소득’을 포기하고 ‘성장’에 초점을 맞춘 것 같다는 평가다.

이재명 진영에서 기본소득 주장이 거의 사라진 것은 용기 있는 결정이다. 이제 다른 대안을 찾아야 할 것이다. 머리 좋은 사람들 아닌가?

'부자건 가난하건 가리지 않고 또한, 일하든 안 하든 따지지 않고 똑같이 나누어 주는 것이 양극화 완화에 무슨 도움이 되겠는가?'

이는 이낙연 대표가 KBS 최경영의 '최강시사' 인터뷰에서 한 말이다. 납득이 가지 않는가?

오늘 칼럼은 읽은 분들은 황당했을 것이다. 이해를 부탁드린다. 나 역시 하도 속이 상하고 답답해서 쓴 글이다.

욕을 하시려면 제 방식대로 한번 해 보시라. 무슨 욕을 했는지 모르니까 항의도 안 할 것이다. 다만 이해를 부탁드린다.

# 9 합법이면 모두 정의냐

## – 국민은 정의를 사랑한다

1981년 2월 장충체육관에서 개표가 종료됐다. 장내가 술렁댔다.

"아니 만장일치가 아니잖아?"

"무효가 1표 나왔대"

"어떤 놈이 바보짓을 한 거야?"

전국에서 모인 통대인지 '통일주체대의원'들인지가 모여 투표를 했는데 만장일치가 아니라 무효표가 한 장 나온 것이다. 도대체 무슨 투표냐? 대통령을 뽑는 투표다. 후보가 누구냐? 전두환이다. 전두환 혼자서 단독 드리볼을 했는데 무효표가 나왔다. 어느 놈 짓이냐? 실수냐 고의냐? 찾아내야 한다. 말이 많았다.

자유당 때 사사오입 투표가 생각난다. 어느 무식한 자유당 국회의원이란 자가 가·부 표기를 할 줄 몰라 부표를 던졌다고 해서 화재가 됐다. 아니 어쩌면 저항을 했을지도 모른다. 나만의 생각이다.

전두환은 이렇게 대통령이 되어 잘해 먹었다. 합법적인 대통령이다. 합법적이니 정의로운가? 전두환에게 물어보라. 장세동에게, 김기춘에게 물어보라. 김기현 나경원에게, 조수진에게 물어보라. 너희들 법 공부하지 않았느냐? 정의를 어떻게 배웠느냐?

# 법이 배설물이 된 세상

변호사가 증인신청을 했는데 판사란 자가 마음에 안 든다고 증인을 받아들이지 않았다고 한다. 엿장수 맘대로가 아니라 판사 맘대로다. 하기야 사형 때리고 수 시간 만에 목을 매다는 법이다. 목매단 지 수십 년 만에 무죄가 됐다. 무죄가 되면 죽은 목숨 살아나느냐?

판사는 잘살고 있다. '난 법대로 했다' 그럼 그게 정의냐? 정의가 어디서 굴러먹던 개뼈다귀냐? 법이 판사가 사형 때리면 죽어야 한다. 그게 정의냐? 넌 그렇게 죽어도 상관없느냐?

# 국민은 정의의 편이다

죄짓고 외국으로 도망가려는 놈 못 가게 했다고 법을 어겼다고 한다. 그럼 그냥 내버려 뒀다면 '도주방조죄'로 엮어 넣는 거 아니냐? 머리 좋다는 사람들이라 법조문을 자기 입맛에 맞도록 이리 해석 저리 해석해서 법대로 했으니 입 닥치라고 큰소리 친다.

국민의 침묵을 바보들의 침묵으로 보는가? 잘못 봤다. 불의를 가장 정확하게 꿰뚫어 보는 것은 국민의 눈이다.

검찰에 묻는다. 그토록 오랜 세월을 왜 국민들은 검찰개혁을 외치는가? 왜 사법개혁을 부르짖는가? 마지막 한 조각 남은 양심 위에 법을 올려놓고 물어보라. 법이 정의의 모습을 하고 있던가? 국민이 법을 믿던가?

기레기란 낯 뜨거운 국민의 질타에 언론은 대답해 보라. 양심을 빼버리면 법과 언론의 존재 이유는 무엇인가? 국민은 법과 언론을 신뢰하는가? 대답해라. 언론에 묻는다.

### # 다시 묻는다, 법이 정의냐

법조문이 이렇게 저렇게 됐으니까 넌 사형이고 무기고 20년이고 5년이다. 죄진 놈치고 죄를 인정하는 놈 거의 없다.

재판이 공정하다고 인정하는 죄수들이 얼마나 될까? 아니 재판이 공정하다는 국민들은 얼마나 될까? 판검사들이 땅을 치겠지만 왜 이렇게 됐는지 생각해 보면 알 것이다. 똑똑한 판검사들이다. 국민들보다 똑똑하다. 그럼 국민들의 생각이 생판 잘못이란 말이냐? 할 말이 없을 것이다.

검찰총장이 바뀌었다. 김오수 총장을 반대해서 국민의힘이 펄펄 뛴다. 안 뛴 적이 있느냐? 국민이 법조문은 잘 모르지만, 직관은 있다. 옳고 그른 것은 안다. 판결에 국민이 승복하는 나라가 좋은 나라다. 판검사가 얼굴 가리지 않고 다니는 나라가 좋은 나라다.

# 10 양심의 소리

## – 가슴으로 들어라

글 많이 썼다. 욕 많이 먹었다. 지금 오래 사는 것이 욕을 많이 먹은 덕분인지도 모르겠다. 그때 그렇게 욕 많이 먹는 글을 쓰고 나면 뒤에서 들리는 소리는 욕이다. 나름대로 변명을 늘어놓는다. '먹고 살자니 별수 없지 않냐?' 과연 먹고살 수 없어서 욕먹을 글을 썼는가?

지금까지 살아온 세월의 절반을 확 떼어버리고 싶은 인생을 살았다고 하면 지금은 보람 있게 산다고 할 수 있을까? 하고 싶은 일을 하니까 그렇다고 할 수도 있다. 그러나 사람마다 평가는 다를 것이다. 다만 양심의 소리만을 듣고 산다고 자신 있게 말할 수 있다.

### # 양심의 소리는 무엇인가

제대로 정신 박힌 사람이 읽으면 정신병자 아니냐고 할 정도로 고약한 글을 쓰고 찬사를 들으면 우쭐했다. 뒤돌아 생각하면 칭찬을 들은 그 글을 지금 보게 되면 쥐구멍에 들어가고 싶을 정도다. 그럼 왜 그 당시는 그걸 못 느꼈을까?

깊은 밤 문득 잠이 깨어 생각에 잠길 때가 있다. 어디선가 소곤거리는 소리가 들린다. 무슨 소리인가? 정신을 차리고 집중한다. 마음 저 깊은 곳에서 들리는 소리다. 더 집중해 기울인다. 작지만 선명하게 들린다.

"그걸 글이라고 썼느냐? 넌 '양심'도 없냐?"

어! 양심? 지금 양심이라고 했는가? 숨을 멈추고 내가 쓴 글을 되새긴다. 글의 크기가 점점 작아지고 소리도 작아진다. 그와 반대로 잘 들리지도 않던 작은 가슴속의 소리가 점점 커진다. 이제 그 소리가 귀를 꽉 채운다. 숨이 가빠진다. 아아 내가 저 글들을 썼단 말인가? 그럼 네가 안 쓰고 어느 개뼈다귀가 썼느냐? 이제 분명하다. 나는 글을 안 쓰고 개소리를 지껄인 것이다.

# 양심의 소리

가슴속 저 구석에서 숨도 제대로 쉬지 못한 채 숨어 살던 양심이 제 소리를 낸 것이다. 그 소리가 내 귀에 들렸다. 양심의 부활이다.

지난 6월 12일 백범기념관에서는 '신 복지포럼' 서울발대식이 열렸다. 전국 곳곳의 도시에서 열린 신 복지포럼 발대식의 말미를 장식한 서울 행사는 백범기념관이라는 의미를 더해 더욱 뜻이 깊었다. 나는 상임고문으로 격려사를 해서 영광이었다.

내 격려사를 들으며 눈물을 흘렸다는 후일담이 들린다. 왜 눈물을 흘렸을까? 난 정치인이 아니다. 벼슬 욕심도 재물 욕심도 없다. 노무현, 문재인 두 분을 같은 시기에 만났고 그분들이 내 인생을 바꿔놓았다. 숨어 지내던 내 양심을 살려낸 분들이다. 양심의 소리가 살아나 부끄럼

없이 하늘을 바라보고 사는 것이다. 내가 노 대통령을 돕던 얘기를 들으면서 사람들이 눈물을 흘렸다고 한다. 이제 내가 돕는 인생의 마지막 지도자는 이낙연 의원이다.

어느 누구를 만나 왜 이낙연을 돕느냐는 토론을 해도 자신이 있다. 신뢰와 정직이다. 지금 정치에 대한 국민의 불신은 최대치에 이르러 있다. 이 불신이 사라지지 않고는 이 나라에 희망이 없다. 바로 이 나라의 희망을 심기 위해 나는 이낙연 의원을 돕고 있다. 격려사에서 나는 내 인생의 절반을 좀먹어 오던 거짓과는 영원히 이별했고 이제 정직하게 살다가 죽고 싶다고 했다. 내 생각에 동의하는 분들이 많아 너무 기쁘다.

이미 말했지만, 양심이란 큰 목소리를 내는 것이 아니다. 지금도 양심은 작은 목소리다. 그러나 어떤 경우에도 양심은 죽지 않는다.

국민 여러분에게 당부하고 싶은 것은 잘 들리지 않는 듯 작은 양심의 소리에 귀를 기울여 달라는 것이다. 그것이 바로 희망의 소리며 내 삶을 지켜 줄 이 나라를 제대로 세우는 유일할 길이라는 것을 말씀드린다.

# 11 지지는 자유다

## – 그러나 이유는 정의로워야 한다

친구한테서 많이 듣는 말 중에 '너만 정의냐?'라는 말이 있다.

천만에 만만에 말씀이다. '너만 정의냐?'라니 정의가 박장대소 졸도를 할 것이다. 그러나 한 가지 말할 것은 있다. 늘 마음속에 다짐하는 것이 있다. 나쁜 짓 하지 말자. 죽는 경우가 아니면 거짓말하지 말자. 사실 이건 특별한 것도 아니고 정상적인 사람이라면 누구나 갖고 있어야 할 다짐이다. 그러나 이 역시 얼마나 힘든 다짐이냐?

이미 여러 번 고백했지만 살아가면서 부끄러운 일도 많았다. 마이크 메고 취재 나가면 수고했다며 수고비를 준다. 수고는 무슨 수고, 솔직히 방송 잘 내달라고 주는 뇌물이나 다름없다. 아니 뇌물이다.

지금이야 수고비든 뇌물이든 봉투가 오고 가는 일은 절대(?)로 없겠지만, 그때는 그것을 관행처럼 여겼기에 양심의 통증도 별로 느끼지 않았다. 오히려 봉투가 얇으면 겨우 요거냐 하고 봉투를 열어보지도 않았던 기억이 있다.

인간은 많은 결함을 지녔다. 그것이 변해 바르게 살려는 것으로 바뀐다면 사람 노릇을 제대로 하게 되는 것이다. 과거의 흠결을 벗어버리고 훌륭한 분으로 존경받는 분들도 많이 있다. 그렇게 살다가 죽고 싶은 것이 솔직한 고백이다.

술 중독자였던 내가 술을 한 방울도 입에 대지 않는 단주를 해서 친구들이 독한 놈이라고 했다. 농담 좋아하는 노무현 대통령이 함께 식사하면서 따라 준 반주를 끝내 안 마시는 날 보고는 대통령이 따른 술도 한 잔을 안 드느냐며 참으로 지독하다고 하셨다. 옆에 동석했던 권 여사가 왜 안 드시는 술을 강권하느냐며 남자들은 참 이상하다고 농담을 했다. 그리운 추억이다.

### # 노무현의 지지율

노무현 대통령은 대범했다. 겁도 없었다. 초등학교 시절 동네에서 힘세고 고약한 애한테 잘못도 없이 맞았다. 다음 날 그 애와 싸우고 그 다음 날 집 앞에서 기다렸다 다시 싸우고 마침내 무릎 꿇고 사과를 받아낸 다음에야 싸움을 끝냈다고 한다.

대통령출마를 선언했을 때 지지율은 형편없었다. 그러나 태연했다. 운동원들이 걱정하면 대통령 안 하면 된다며 웃었다. 우리들은 걱정 안 했다. 자신이 있었다. 자신이란 무엇인가? 바로 국민을 믿는 것이다. 우리는 국민을 믿었고 노무현은 대통령이 됐다.

한밤중에 차도 안 다니는 산골 유권자 영감님 댁을 찾아 지지를 부탁했을 때 영감님은 내 손을 붙들고 눈물을 흘렸다. 거제도 인근 섬에 사는 어부 노인은 조그만 어선을 타고 와서 지지했다. 지지자들이 모은 돼지 저금통을 삼륜차에 싣고 노래를 부르며 운동본부로 들어오면 우리는 밤새 동전을 세며 울었다. 우리는 그렇게 선거운동을 했고 승리했다.

우리에겐 믿음이 있었다. 여론이란 바람에 날리는 낙엽 같은 것이다. 바람 한 번 크게 불면 전부 날아간다. 그때 우리들의 믿음은 국민이었다. 신앙이었다. 무엇으로도 무너트릴 수 없는 믿음이었다.

# 어떤 사람을 지지하는가?

어느 날 나를 찾아온 상대 운동원이 내게 부탁했다.

"선생님, 그만큼 하셨으니 인제 그만하시죠. 편히 쉬고 계시면 다음에…."

다음에 뭘 어쩌겠다는 것인지 의미를 안다. 알았다니까 고맙다며 갔다. 오해다. 알았다는 것은 네 말을 들었다는 의미다.

국민이 안 된다고 하면 못하는 것이다. 포기하는 것이다. 나는 지지하는 사람에 대해 꼼꼼히 따진다. 성장 과정, 일상생활에서 처신, 정치입문 후에 활동행태, 하나도 빼지 않고 기록한다. 그 후에 결정한다. 지금도 노무현 대통령이 하신 말씀을 기억하고 있다.

"선생님이 아시는 분은 좋은 분들이 많아요."

어느 자리에서 어느 검사에 관한 얘기를 들었다. 당연히 승진할 사람인데 출신학교가 걸린다고 했다. SKY가 아니다. 화가 났다. 얼마 후 그는 승진했다. 자신도 놀랐을 것이다. 인사는 공정해야 한다. 장관을 지낸 어느 장성이 내게 한 말이 있다.

"선생님. '진실'과 '거짓'이 달리기를 했습니다. 출발하자 거짓이 훨씬 앞서 달려갔습니다. 결과는 보나 마나라고 했습니다. 결승지점에서 기다리던 사람들은 깜짝 놀랐습니다. 진실이 먼저 들어왔습니다. 승리했습니다. 거짓은 중도에서 기권했습니다."

### # 국민의 삶을 지켜주는 정의

누구를 지지하던 그건 자유다. 그러나 그 자유에 대해서 비판하는 것도 자유다.

어제 너무나 놀랐다. 천 년을 지나온 옥수에서 매일 목욕하던 선녀가 목욕을 멈췄다. 배가 고팠나?

사람들이 놀랐다. 돼지우리에서 선녀를 발견했다. 수십 마리의 돼지들과 먹이 싸움을 벌이는 선녀를 보며 정의가 탄식했다.

'정의는 죽었다.'

정의도 먹고 살아야 하는가? 그런가? 아니다. 정의는 죽지 않는다. 그래서 정의다.

# 12 내 삶을 지켜주는 나라

## – 말만 들어도 가슴이 울컥

길에서 울고 있는 집 잃은 꼬맹이를 볼 때가 있다. 어렸을 때 나도 길을 잃고 하루 종일 울며 거리를 헤매던 기억이 있다. 그때 미아가 됐다면 내 인생이 어떻게 됐을지 모른다. 해외에 입양되어 수십 년 만에 부모를 만나는 것은 또 다른 비극이다.

부모를 잃으면 고아다. 그럼 나라를 잃으면 무엇인가? 나라 잃은 백성의 고통을 안다. 일본에 나라를 빼앗기고 우리 선열들은 목숨을 바쳐 독립운동을 했다. 왜 나라를 뺏겼는가? 긴 얘기가 부질없다.

### # 삶이란 무엇인가?

'사람 사는 세상'은 고 노무현 대통령이 살아가는 삶의 뿌리였다. 말로만 '사람 사는 세상'을 추구한 것이 아니라 삶 자체가 국민, 아니 인간 모두가 사람 사는 세상에서 사람답게 사는 것을 갈망했다. 그의 삶을 생각하면 지금도 분노가 치솟는다. 나쁜 놈들.

요즘 미얀마에서는 군부독재에 저항하는 국민들의 투쟁이 치열하다. 군부는 사람답게 살겠다고 외치는 국민들을 향해 무자비한 학살을 자행하고 있다. 우리나라도 박정희, 전두환의 군부독재가 국민을 향해 학살의 총탄을 퍼부었다.

4·19묘역 5·18묘역을 찾으면 독재의 총탄에 쓰러져 간 영령들의 함성이 귀를 때린다. 지금 우리는 그들이 갈구하던 염원을 이루었는가? 부끄럽기 그지없는 현실이다. 우리는 왜 아직도 영령들의 피의 희생에 보답을 못 하고 있는가? 기득권 세력들의 추악한 욕망 때문이다.

끊임없이 개혁을 갈구하는 국민들의 염원을 기득권 세력들은 결사적으로 반대한다. 그토록 희구하는 검찰개혁을 왜 이를 물고 반대하는가? 검찰개혁을 해서 국민들이 자신의 주머니를 채우는가? 언론개혁을 해서 국민들이 이득을 취하는가?

이성윤 검사와 조희연 교육감을 기소하는 것이 공수처가 할 일인가? 얼굴이 뜨거워 어떻게 하늘을 보는가? 되도록 욕은 하지 말자고 하지만 튀어나오는 욕을 막을 방법이 없다.

세상에 별 희한한 장사도 있다. 800원 원가에 상품을 만들어 80원에 판다면 믿겠는가? 세상이 다 아는 사실이지만 신문사가 신문 1부를 만드는 제작비는 종이, 잉크, 인건비 등을 포함, 800원 선. 그러나 폐지업자나 재활용업자에게 1부당 고작 80원에 판다. 원가의 10분의 1 헐값에 파는 것이다. 폐지는 어디로 가느냐 해외 포장지 업자들에게 팔린다. 이래도 유지가 되느냐? 된다. 정부가 보조금을 주기 때문이다. 별 빌어먹을 보조금이 다 있다. 봉이 김선달이 대동강 물 팔아먹는 건 저리 가라다. 언론과 정권의 짝짜꿍이다. 벼락을 맞아도 똥 벼락을 맞아야 한다.

# 청문회는 왜 하는가?

청문회를 볼 때마다 느끼는 것이다. 똑같은 질문에 뻔한 답변. 국민들 속 뒤집으려고 작심을 했느냐? 한심한 인간들의 청문회를 보면서 속이 후련하던 기억이 있다. 노무현 의원의 질문을 받으며 진땀을 흘리던 정주영, 전두환, 장세동과 재벌들. 그런 청문회를 보고 싶다.

국민이 무서우면 청문회에 나와 헛소리들 못 한다. 지금 야당은 무슨 짓을 해도 다음 정권은 우리 것이라고 느긋하게 폼 잡고 있는 꼴이다. 이걸 보고 국민들이 가만있어야 하는가? 여야를 막론하고 헛소리하는 인간들을 보면 하나같이 낙제생이다. 선거철이나 되면 선거구민들에게 간이라도 빼줄 듯이 아양을 떨다가 당선된 후 언제 봤느냐 하는 무리들이 대부분의 국회의원이다. 이들에게 '내 삶 지켜주는 나라'는 역시 개소리로 들릴 것이다.

말 안 듣는 자식도 처음에는 야단도 치고 종아리도 때리지만 해도 해도 안 되면 그때는 포기다. 그러면서 한다는 소리는 "내 뱃속으로 낳은 자식도 맘대로 안 되는데" 이것이 포기의 변명이다. 포기할 것인가?

지금 정치에 대한 국민의 기대가 그 수준이 아닐까. 난 '국힘'에 대해서는 완벽하게 포기했다. 그래도 일말의 기대를 남기고 있는 것이 민주당이다. 사람 같은 사람이 남아 있기 때문이다. 김용민 같은 사람이다. 아직 통화 한 번도 안 했지만 난 안다.

내가 이재명의 얘기는 되도록 안 하려고 한다. 내가 이낙연을 지지하고 있으니까 사람들이 편견으로 해석할 것이기 때문에 아예 언급을 않는다.

이재명에 대해서 김종인이 한마디 했다.

"변신은 잘하지만, 시대정신을 읽는지 지켜봐야 한다."

김종인에게도 똑같은 말을 해 주고 싶다.

# 말은 정치다

'삶을 지켜주는 나라'는 더없이 고마운 나라다. 그게 바로 목숨을 던져 지켜야 할 조국의 모습이다. 말만 하고 실천을 하지 않는 정치인은 사기꾼이다. 이 나라에 너무나 많은 부류다. 이 말을 강조하는 이유는 내가 이낙연 의원을 안 지 수십 년이 되지만 잊히지 않는 거짓말은 하지 않았기 때문이다. 내가 얼마나 더 살지 모르지만, 그가 '내 삶을 지켜주는 나라'를 제대로 이끌어 가는 지도자가 되기를 간절하게 기원한다.

# 13 차마 못 들을 욕설의 난장

## – 정치가와 욕쟁이 할머니

### # 글쓰기 전에

'먼저 노무현 대통령 영전에 절부터 올립니다. 늙은 몸 봉하에도 못 내려갔습니다. 몸 핑계 대지만 죽을 정도는 아닙니다. 용서하십시오. 대통령님.'

### # 고운 말, 존댓말

말은 곱게 해야 한다. 고운 말을 써야 한다. 오래전에 고인이 되신 백모님(큰어머님)은 말씀을 참 잘하셨는데 이 씨 조선 영조의 부마 댁 자손이다. 집에서는 초등학교도 안 보내고 9세 때 결혼을 시켰다. 스스로 언문(한글)과 한문을 깨치셨다. 파주에서 부마 댁이라면 모르는 사람이 없었다고 한다. 백모님은 말씀을 아주 재미있게 하시기도 했다.

백모님의 재미있는 말씀 하나 소개한다.

"사람은 말을 곱게 해야 한다. 누구한테든 꼭 존대해야 한다. 알았느냐?"

그러면서 외양간에 소를 가리키신다. 소머리에는 검불(지푸라기)이 묻어 있었다.

"소님의 대갈(머리)님에 검불님이 붙으셨습니다."

이 정도의 존대라면 최고가 아니겠는가? 끝내준다는 말이 맞다. 그냥 넘겨들을 것이 아니라 교훈으로 들어야 한다.

요즘 애들 말버릇은 고약한 것은 고사하고 도무지 알아들을 수가 없다. 세종대왕께서도 못 알아들으시고 통역을 대동해야 할 것이다. 뭐 이거 가지고 시비할 생각은 없지만, 말은 알아들어야 하고 고운 말을 해야 한다고 주장한다.

# 정치지도자의 언어

말에는 품위가 있어야 한다. 난 격조라고 표현하는데 격조 있는 말은 사람의 인품을 한결 높여 준다. 국회의장을 하던 해공 신익희 선생의 말씀은 품위와 격조가 있었다. 이런 분이 화가 몹시 나셨다.

1956년 5월 5일, 한강백사장에는 당시로써는 생각지도 못할 30만의 인파가 모였다. 신익희 선생의 강연을 듣기 위해서였다. 10여 일 후면 대통령 선거다. 이승만·이기붕이 자유당 후보로 출마했고 민주당에서는 신익희·조병옥이 후보였다. 그러니까 한강백사장 강연은 대통령 선거연설이자 시국 강연이었다. 그때 해공이 토해내던 사자후가 지금도 잊히지 않는다.

"이승만을 각하라고 합니다. 각하가 뭡니까 각하가? 각하는 저기 보이는 한강 다리 밑이 각하예요."

불경하기 짝이 없는 말을 들으면서 30만 군중은 박수를 치며 배꼽을 잡았다. 그때 어느 누구도 신익희 선생을 비난하지 않았다. 말도 시와 때를 잘 만나야 빛이 난다. 해공 신익희 선생은 그 날 바로 호남유세를 떠났다가 호남선 열차 안에서 심장마비로 별세하셨고 이를 암살로 오해한 대학생들이 들고 일어났다. 그때 대학교 1년생인 나도 경무대(청와대) 앞에서 시위했는데 총을 쏘는 바람에 줄행랑을 치다가 지금의 정부청사(당시 치안국 무기고) 앞에서 특무대에 잡혀 구속됐다. 치도곤 맞고 없는 죄를 털어놨다. 더 이상 창피해서 덮는다.

# 욕쟁이 할머니

자유당 정권은 참 많이도 욕을 먹은 정권이다. 욕쟁이 할머니란 분이 계셨다. 청주에서 해장국 음식점을 하시던 할머니는 욕을 잘하기로 유명했다. 해장국 맛이 좋아 유명 인사들이 많이 찾았는데 할머니는 신분을 가리지 않고 욕을 하셨다.

한번은 박정희 대통령이 들렀는데 대통령을 쓱 보더니 한다는 말씀이.

"박정희 닮은 놈이네."

수행원들이 기절초풍했겠지만, 대통령은 웃었다고 한다. 사실 여부는 모른다. 누가 욕을 하던 욕은 좋은 게 아니지만, 문득 오늘의 정치가들을 욕쟁이 할머니가 본다면 뭐라고 했을까? 아무리 욕먹을 짓을 했어도 욕이란 몇 마디 정도다. 욕 싸움을 벌이고 형제간의 쌍욕으로 번지면 보통문제가 아니다.

# 직접 들어 본 욕

내가 이재명 지사를 지지하지 않는 것은 정치적 소신이 다르기 때문이며 특별한 이유는 없었다. 형제간의 싸움도 그럴 수 있을 것으로 여겼다. 왜들 저렇게들 야단일까 궁금했지만 애써 무관심했다.

우연히 듣게 된 그게 탈이었다. 듣다가 하도 끔찍해서 보청기를 뺐다. 형제간에 저토록 독한 싸움을 할까? 싸움이야 할 수 있지만 저런 저주를 어떻게 입에 담을 수 있단 말인가? 내 인식이 바뀌었다. 인간의 기본에서 벗어났다는 판단이었다. 저렇게 판단력과 자제력이 없는 사람이 어떻게 국민의 지도자가 될 수 있는가?

나라의 최고 지도자의 과거를 안다면 우리 애들이 무엇을 배울 수 있단 말인가? 소름이 끼쳤다. 국민들도 나를 이해해 줄 것이다.

욕쟁이 할머니의 욕에 저주는 없었다. 그러나 내가 들은 형제간의 싸움에는 시작에서 마지막까지 시종일관 저주였다.

당사자는 고통스럽겠지만 싸움의 시종을 들어보기 바란다. 듣고 난 다음에 국민에게 실상을 소상히 밝혀야 한다. 그것이 국민에 대한 최소한의 도리라고 믿는다. 사과해야 한다. 형이 어떤 잘못을 했다 해도 동생의 도리가 있다. 인간의 도리를 모르면 어떻게 사람이라고 할 수 있겠는가?

지금 야당은 도끼날 벼르듯 하고 있다. 이때다 판단이 설 때 '용감한 형제'의 싸움 전모를 공개하겠다는 것이다. 저 끔찍한 욕설 잔치가 펼쳐진다면 선거는 해 볼 필요도 없이 끝이 난다는 야당의 판단이다.

물구경(홍수) 불구경(화재) 몸싸움 구경이 볼만하다는 인간들도 있다. 그러나 인간의 몸싸움은 정당해야 한다. 비겁한 싸움은 볼 것이 없다. 싸우되 비겁하지 말아야 한다.

군에서 전략 심리를 담당했던 장군과 나눈 대화다. 그는 요즘 이낙연 전 대표를 비판하는 사람들 거의 민주당 사람들로 느껴진다고 했다. 이해득실을 계산해 본 결과 판단을 했다는 것인데 잘못 판단했다. 나중에 알 것이다.

어떤 경우에도 정의는 정의고 불의는 불의다. 히틀러가 세계정복을 했으면 그것이 정의였을까? 일본제국주의가 승리했으면 그것이 정의였을까?

국민과 정치지도자들이 냉정하게 생각할 문제다.

# 14 잘못 선택하면 결과가 두렵다

## – 사위, 며느리 고르는 심정

삼국지에서 조조에게 인질로 잡힌 모친을 위해 유비를 떠날 수밖에 없는 '서서'는 유비에게 인재를 추천한다. 그 인재가 바로 제갈공명이다. 여기에 바로 유명한 '삼고초려'가 나온다. 당시 47세인 유비는 관우와 장비를 데리고 27세인 공명을 찾아가 밖에서 비를 맞으며 낮잠 자는 공명을 기다린다. 삼국지에서 공명과 유비가 만나는 감동적인 장면이다. 그들은 서로 마음에 쏙 들었을까? 마음에 드는 사람을 만나기란 참 어렵다.

친구 혼사에 가서 우리끼리 나누는 말은 사위 며느리 잘 얻었다(?)는 얘기들이다. 직장이 어떻고 인물이 어떻고 평가가 다양하다. 사위 며느리 선 본다는 말이 있는데 자식들의 행복이 달린 문제니 얼마나 중요하겠는가? 그러니 정말 잘 봐야 할 것이다.

### # 사람 고르기

입사시험이 있다. 물론 시험성적이 좋아야 할 것이지만 면접도 중요하다. 회사경영자가 직접 면접관인 경우도 많다. 어느 대기업에서는 관상쟁이도 시험관이라는데 관상도 물론 중요하다. 그러나 인물로 사는 것은 아니다. 그보다 중요한 것은 그가 어떤 길을 걸어왔느냐가 아닐까? 걸어온 길에는 반드시 흔적이 남고 흔적은 바로 삶의 증명서다.

그래서 외국에서는 추천서를 대단하게 인정한다. 훌륭한 인격자의 추천을 알아주는 것이다. 나의 경우에도 좋은 친구가 소개해 준 사람은 나를 실망시킨 경우가 거의 없다.

요즘 믿을 사람 없다는 말들을 많이 하는데 나름대로 근거가 있다. 그러나 사람은 열 번 된다고 하지 않던가? 어느 세월에 열 번 변하도록 기다릴 것이냐고 하면 할 말이 없지만 사실 좋은 사람을 기다리는 마음은 국민의 간절한 소망이다. 여기서 좋은 사람이란 '훌륭한 지도자'를 말하는 것이다.

국민들에게 간절하게 당부하고 싶은 말이 있다. 가볍게 지도자를 평가하지 말라는 것이다. 잘못된 평가 때문에 국민들이 얼마나 고통을 당했는가? 얼굴을 못 들 정도로 창피한 대통령도 겪었다. 왜 이런 잘못된 평가를 하는가? 이것이 바로 잘못된 정치, 잘못된 언론 때문이다. 이해득실에 따라 하루에도 수십 번씩 판단이 바뀌는 이런 풍토에서 좋은 지도자를 찾기란 모래사장에서 바늘을 찾기만큼이나 힘들다. 국민의 불행이다. 그래서 더욱 정신을 차려야 한다.

# 국민의 눈은 무서운 것이다

이제 대통령 선거도 얼마 남지 않았다. 각 정당은 훌륭한 지도자를 후보자로 세우기 위해 애를 쓰고 있다. 그러나 정당은 각 개인의 이해가 첨예하게 맞서고 있다. 여론조사라는 이름의 평가도 있다. 그러나 가장 중요한 것은 국민 각자가 판단하는 예리한 평가다. 국민의 눈은 무섭다.

국민만이 이해를 초월해서 진정으로 국민의 지도자를 평가할 수 있는 자격이 있다. 어느 특정인의 계파라는 이해관계는 잘못된 판단을 할 수 있다.

냉정하게 오로지 그가 내 조국 대한민국을 제대로 이끌어 갈 지도자인가 그것만을 중심으로 판단해야 한다. 대통령은 한 번 뽑으면 탄핵이 아닌 다음에는 바꿀 수도 없다. 이해득실에 연연하지 말아야 한다.

내 사위 며느리 고르듯이 냉정하게 사람을 보고 고르기를 부탁한다.

# II

# 15 정치인은 도덕에서 열외인가

## – 정치와 도덕성

열외라는 것이 있다. 군대생활을 한 사람은 모두 알고 있을 것이다. 훈련소에서 중대 향도를 했던 나는 늘 인원보고를 했고 현역 생활 중에도 많이 했다.

"인원보고 총원 XX명, 사고 XX명, 현재 XX명, 사고 이유 어쩌고저쩌고, 인원보고 끝."

60여 년이 지난 일이라서 격식이 제대로 맞는지 모르겠지만 좌우간 대충 이렇다. 여기서 사고 이유가 문제다. 외출을 나갔다가 사고를 친 경우면 복잡해진다. 그중에서도 문제가 되는 것이 한잔하고 술값 문제로 시비가 붙어 주먹이 오가고 헌병이 출동해서 영창 신세를 지는 것이다. 어떻게 적당히 해서 빼내 오기는 하는데 중대장의 체면이 말이 아니다. 영창 다녀온 녀석은 중대장이나 선임하사한테 선물(?) 좀 받는다. 사고 내용 중에는 얼굴이 붉어지는 내용이 있는데 여기서는 줄인다. 다만 도덕성과 관련된 것이라는 것만 밝힌다.

## # 도덕이란 무엇인가

지금은 고인이 되셨지만 내게는 2살이 더 많은 형이 있었다. 튼튼한 나와는 달리 몸이 좀 허약해서 비실비실했고 집에 힘을 써야 할 일이 있으면 그건 내 몫이었다. 속으로 불평이 많았다. 그래도 형한테는 꼼짝 못 했다. 언젠가 형과 싸웠는데 승패야 뻔한 일이다. 그러나 결과는 참혹했다. 평소에 절대로 자식들한테 매를 안 드시던 아버지가 내게 매를 드셨다. 그것도 심하게 드셨다. 그러면서 하시는 말씀이다.

"형한테 그러는 놈이 어디 있느냐? 욕하고 주먹질을 하고. 넌 사람도 아니다."

그때 아버님이 강조하신 게 도덕이다.

"인간이 도덕을 모르면 그건 짐승이나 다름이 없다."

도덕이란 본능이라고 생각한다. 그렇게 생각을 하면서도 까먹고 부도덕한 행위를 저지른다. 형은 이후 나한테 미안하다고 했지만 난 늘 반성한다.

## # 정치인과 도덕성

정치인의 도덕성이 자주 거론된다. 특히 정치지도자라는 분들의 도덕성이 국민을 부끄럽게 한다. 어느 의원의 성 추문은 차마 입에 올리기가 부끄럽다. 비록 감정이 격해진 싸움이었다 하더라도 형제간에 주고받는 욕설은 귀를 막게 한다. 더구나 당사자가 정치지도자 반열에 올라 있을 때 국민이 느끼는 좌절감은 어떨 것인가?

이틀 전 누가 보여주는 트윗을 보고 기절초풍했다. 내가 변절을 해서 지지하던 어느 정치인에게서 등을 돌렸다는 내용이었다. 노골적으로 말하면 배신했다는 것이다.

아아– 이럴 수가 있는가? 내가 배신을 했다면 나는 세상에 살아갈 이유가 없다. 배신과 도덕은 상극이다. 그렇게 생각하고 사는 내게 배신자란 딱지를 붙이다니 나더러 죽으라는 말인가?

정치가 아무리 이해득실에 치사하다 해도 이런 거짓말로 멀쩡한 생사람을 죽이려고 한다면 이건 정치가 아니라고 생각한다. 요즘 배신의 가짜뉴스가 판을 치며 다닌다. 내가 화를 몹시 내는 것을 보면서 후배가 말한다.

"선생님. 너무 화내지 마세요. 정치가 언제는 안 그랬나요. 앞으로 그런 가짜뉴스는 더 기승을 떨 것입니다. 마음 넉넉하게 잡수세요."

집사람이 이 사실을 안다면 기절할 것이다. 그렇지 않아도 벼슬할 사람도 아닌데 왜 그렇게 정치에 정신이 없느냐고 야단을 치는데 얼마나 속이 상할 것인가? 집사람은 절대로 그 가짜뉴스를 보지 말아야 한다.

인간의 수명이야 도리가 없지만 요즘 부쩍 그걸 느낀다. 부탁한다. 제발 가짜뉴스로 사람을 아프게 말아다오. 도덕이라는 게 비록 글자는 두 자이지만 그 속에 내포된 의미는 하늘만큼 높은 것이다. 정치인들은 도덕을 지키는데 특히 유념해다오.

# 16 쥐가 고양이를 잡아먹었다는데

## – 신문에 났으니 믿어야 한다

"쥐가 고양이를 잡아먹었단다."

"야, 그런 새빨간 뻥이 어디 있냐?"

"신문에 났단 말이다."

"뭐 신문에? 그럼 믿어야지."

신문에 났으니 믿어야 한다는 신뢰, 신문에도 났는데 믿질 않는다면 이건 심각한 문제다. 국민은 언론의 공신력을 믿고(?) 세상을 살아간다. 언론을 믿지 못한다면 뭘 믿는단 말인가? 미국에서 '4월 1일'(만우절) 방송에서 우주전쟁이 났다고 보도하는 바람에 피난소동이 벌어져서 난리가 났었다는 건 잘 알고 있다.

그렇게 언론은 무서운 것이다. 왜 칼럼 서두에 언론의 공신력을 들먹이느냐? 언론을 경영하는 분들이나 기자들은 몹시 섭섭할 것이나 그게 내 죄는 아니다. 한국의 언론이 신뢰도에서 세계 꼴찌라는 것은 누구나 알고 있다.

세계 상위권의 경제 대국에서 언론 신뢰도가 그것도 몇 년째 꼴찌라면 얼굴 들고 다니기 민망하다. 믿기가 어려워 언론계 후배에게 물어봤다. 아무 말 안 한다. 침묵은 긍정이라고 알고 있다. 어쩌다가 이 지경이 되었을까?

가슴 아픈 소리 좀 하자. 언론 민주화를 외치며 해직기자들이 모여 국민주를 모아 '한겨레' 신문을 창간했다. 창간주주로 참여한 나는 '한겨레' 신문 첫판이 잉크 냄새를 풍기며 손에 들려졌을 때 눈물로 눈이 흐려져 활자가 안 보였다. 내가 존경하는 송건호 선생님(고등학교 담임선생이자 고교선배)도 눈물을 흘리셨다. 해직기자들도 모두 울었다. 그렇게 탄생한 '한겨레'는 지금 '한걸레'란 또 다른 이름으로 불린다.

절독을 위해 몇 번인가 전화기를 들었다 놨다를 반복하며 여전히 보고 있지만 거의 읽지 않는다. 욕을 해도 할 수 없다. 내가 그렇게 욕을 하는 조·중·동을 비롯해 몇몇 신문은 인쇄되어 세상에 나오자마자 트럭에 실려 외국에 싸구려 포장지로 팔려 나간다고 한다. 그럼 신문도 장사인데 뭘 먹고 사느냐? 뭐로 월급을 주느냐? 그건 국민 세금으로 해결한단다. 참 부처님 같은 국민들이다. 거기다 신문발행 부수를 뻥 튀겨서 돈을 받아낸다니 이게 사실이라면 칼 들지 않은 강도다. 참으로 우리 국민들이 착한 건지 바보들인지 구별이 안 된다.

드디어 언론계가 시국선언을 했다. 언론개혁을 입법하라는 것이다. 언론인과 시민단체 125곳의 시국선언이다, '언론개혁촉구시민사회 비상시국선언'이다.

시국선언에는 한국기자협회, 방송기자연합회, 한국PD연합회, 동아자유언론수호투쟁위원회, 조선자유언론투쟁위원회, 80년 해직언론인협의

회 등이 참여하여 언론개혁입법을 요구하고 나섰다.

# 무엇을 주저하는가, 무엇을 망설이는가?

지금 국민이 가장 원하는 것이 무엇인가? 검찰개혁과 언론개혁이다. 검찰개혁과 언론개혁을 거부하는 것은 무슨 이유를 대도 명분이 안 된다. 무엇이 무서워 못 하느냐? 무슨 죄를 그리도 많이 지었기에 겁이 나느냐?

사정은 다른 데 있다고 들었다. 언론개혁과 검찰개혁은 그들 자신이 잃어버리는 게 너무 많다는 것이다. 잃는 것이 무엇이냐고 물으면 대답이 곤란한가? 그래도 양심을 가지고 사는 기자나 검찰은 할 일이 있다.

과거 글을 쓰면서 부끄러운 일이 많은 내가 언론을 비판하고 있으니 뻔뻔하다. 그동안 몇십 년 동안 사과도 많이 했고 반성도 많이 했다. 사람답게 살다가 죽으려고 기를 쓰는데 걸리는 게 너무 많다. 어느 후배는 웬만큼 하시라고 하는데 그 역시 잘 안 된다.

요즘 SNS가 호랑이보다 더 무섭다고 한다. 이게 도무지 천방지축 날뛰는데 이름도 모르고 얼굴도 모르고 정말 미치고 환장을 할 판이다. 언젠가 한 놈을 알아내서 야단을 쳤더니 미안하다고 사과한다. 그걸 어쩌나? 그냥 그들의 양심을 믿는 수밖에 없는가?

# 백신 두 번 맞았다

백신에 부작용이 있다고 해서 속으로 떨었다. 살 만큼 살았는데 뭐가 겁이 나냐고 할지 모르나 다행히 아무 부작용도 없고 끄떡없다. 그래서 칼럼을 쓰고 있다. 두 번 맞았는데 수고하시는 관계자들 너무나 애를 많이 쓰니 고맙기 그지없다.

코로나 19 때문에 나라와 국민이 모두 고생을 많이 한다. 세계에서 가장 코로나에 대처를 잘하는 나라로 꼽히니 자부심도 생긴다.

국민들은 이렇게 잘하는데 잘났다는 정치인들이나 검찰 언론인들은 왜 낙제점수를 받는가? 정말 부끄러운 줄 알아야 한다. 오늘 김오수 검찰총장 청문회가 열리는데 질문을 하는 의원들을 보니 참 가관이다. 자신들이 한 행동을 빤히 알고 있는데 얼마나 얼굴이 뻔뻔하면 저렇게 태연할 수 있단 말인가?

그걸 보면서 국민들이 정신을 차리지 않으면 정치는 절대로 좋아지지 않고 나라의 장래도 절망이라는 생각을 지울 수가 없다.

그래도 기대를 할 수밖에 없는 것이 언론이다. 언론의 영향력은 아무리 강조해도 지나치지 않는다. 조·중·동이야 이미 포기한 언론이라는 생각을 했지만, 기자들의 고통도 알고 있다. 다시 한 번 과거 언론 민주화 운동을 하던 그때가 생각난다. 동아일보 앞 큰길에 내동댕이쳐진 기자들, 심지어 자살한 기자도 있다. 그들을 기억하자.

언론만이 이 나라를 바로 세울 수 있다. 인생은 도리 없이 제한된 세월을 산다. 언론은 다시 한 번 각성하자. 힘을 모아 좋은 나라 한번 만들어 보자.

# 17 정치는 타락해도 한계를 지켜야

## – 일상화된 거짓말 어떡하느냐

"자네 얘기를 할 때 함께 있었던 증인이 있네. 부르면 당장 오네. 지금 오라고 부를까?"

"아니 뭐 그러실 것까지야. 제가 한 말 다 인정합니다. 한데 증인이 누군가요. 저도 아는 사람인가요?"

증인을 부른다는 말에 기가 죽었다.

"우리 집 강아지네."

농담이다. 그러나 증인의 위력은 대단하다. 위증해서 죄 없는 사람을 벌 받게 한 위증범들도 있다. 용서 못 할 인간들이다.

### # 버릇이 되면 수치도 모른다

도둑질도 처음이 힘들다고 한다. 한 번 두 번 하다 보면 '에이 까짓거, 기왕에 버린 몸'이 된다. 어렸을 때 용돈 타내기 위해 거짓말한 경험이 있을 것이다. 물론 나도 포함된다. 이게 버릇이 되고 어른이 돼서도 지속되면 사기꾼이 된다. 세 살 버릇이 여든까지 간다지 않던가?

애들의 거짓말도 안 좋지만, 어른들의 거짓말. 특히 정치인들의 거짓말은 그 피해를 열거할 수조차 없다. 일일이 설명할 수도 없을 지경이다. 국회에서 발언하고 있는 의원들의 발언을 보면 하는 말 중에 진짜가 얼마나 되는지 생각을 한다. 국민이 알고 있는 사실과 다른 얘기. 그러니까 거짓말이 수도 없이 많다. 그러면 발언하는 의원은 과연 모르고 말을 하고 있을까? 알고 있다고 믿는다. 그러나 이미 그는 거짓말에 중독되어 자신의 거짓말을 아무렇지도 않게 여기고 있다.

정말 부끄러움을 모르고 있는가? 법 개정 후 자신의 아파트가 23억이나 뛰어 폭리를 취한 어느 야당의 대표라는 사람이 방송에 출연해서 정치정의를 떠드는 것을 보면 기가 차는 수준 이상이다. 더구나 그가 법을 했다는 판사 출신이라는데 차라리 귀를 막고 눈을 감고 싶다.

이제 정치인들은 수치를 완벽하게 포기했다. 이를 고치는 방법은 무엇인가? 국회를 없앨 수도 없고 결국 국민이 일어서는 것이다. 또 촛불을 드는가? 이들은 이제 촛불도 두려워하지 않는 것 같다. 큰일이다. 정말 큰일이다.

### # 기본소득은 어디로 가는가

이재명 지사를 생각할 때 기본소득이란 '구두와 구둣주걱'처럼 함께 다니는 말이다. 그런데 갑자기 구둣주걱이 사라졌다. 이제 맨손가락으로 구두를 신어야 할 판이다. 기본소득은 부자나 가난한 사람이나 모두 공평하게 소득을 나누어야 한다는 주장인데 세상사 어떻게 그렇게 살 수 있는가?

항상 하는 말이지만 경험처럼 좋은 스승은 없다. 경험 없이 머리만 굴려 얻은 지식은 공허하기 짝이 없다. 듣기에 그럴듯한 기본소득 주장으로 재미를 본 결과가 결국 허망한 인기 영합으로 전락하면 다음은 어떤 주장으로 바꿔야 하는가? 두고 볼 일이다.

박정희 시대에 배를 채운다는 것은 절체절명의 과제였다. 배만 채우면 최선이었다. 지금도 그런가. 그런 주장을 하면 이상한 사람으로 취급될 것이다. 하지만 아직도 그런 주장을 펴는 지도자가 있다.

잠시의 인기 영합으로 약을 팔면 좀 팔 수 있을지 모르나 정치는 다르다. 정치는 정직과 신뢰다. 그리고 신뢰를 쌓는 방법은 자신이 겪은 경험이란 교훈을 숨김없이 정치 속에서 보여주는 것이다.

정치인이 보여주는 과거는 자신의 이력서나 다름이 없다. 가짜 이력서를 내면 회사에 취직돼도 취소된다. 정치인도 당연히 그래야 한다.

우리 정치인들의 이력서를 다시 보고 싶다. 이력서를 꼼꼼하게 살펴보고 우리 국민들은 정치인을 심판하자. 아니 선택하자.

# 18 정치가 아이들 놀이판이야?

## – 장난 같은 청문회, 이제 고만하자

6·25 당시 서울을 탈환한 국군이 서울에 입성했다. 더없이 기쁜 일이었지만 비극을 잉태하고 있었다. 무법이 그것이다. 길에서 총성이 울리고 시민이 쓰러졌다. 무슨 일인가?

죽은 사람은 빨갱이 혐의였고 누군가 고발을 한 것이다. 재판도 없이 총살을 당했으니 비극이다. 그러나 비극은 여기서 끝나지 않는다. 빨갱이라고 밀고하는 장면을 총살당한 사람의 아들이 목격한 것이다. 과연 빨갱이였는가? 그게 문제가 아니다. 며칠 후 밀고한 사람이 살해됐다. 범인은 총살당한 사람의 아들이었다. 복수한 것이다. 양평의 어느 마을은 남자의 씨가 말랐다. 이유는 설명하지 않겠다. 내 사촌누이도 미망인이 됐다.

### # 비극의 시작은 거짓말이다

이승만이 도망치면서 서울은 국군이 사수하니까 안심하라는 말을 믿고 피난을 가지 않았다가 박살 난 가정이 하나둘이 아니다. 일일이 예를 들 수도 없다. 원인은 전쟁이다. 아니 분단이다. 강대국들의 이해만 아니었으면 왜 분단이 되었겠는가? 약소국의 설움이기도 하지만 지도자들의 능력 부족이고 애국심의 부족이다.

아무리 강대국의 영향력이 막강하다고 해도 한계는 있다. 예를 많이 드는 이스라엘의 경우가 있다. 오늘날 이스라엘을 누가 무시하는가? 이스라엘에는 병역기피자가 없다. 왜일까? 애국심이다. 전쟁 중에 한국의 기피자는 누구였는가? 미국으로 튄 자들은 누구인가? 더 설명하기가 싫다.

자신의 복은 자기가 지니고 다닌다고 하지만 오늘의 우리 현실을 보면서 누구를 원망하기도 민망하다. 세금을 낼 때마다 억울하다고 느끼는 친구가 있다. 왜일까? 이 역시 설명하기가 민망하다. 애국심은 그냥 생기는 것이 아니다. 우리 정치를 보면서 애국심을 요구하는 건 참으로 뻔뻔하다.

그래도 대한민국은 굴러간다. 저마다 대통령을 하겠다고 아우성이다. 인물이 많아서 기쁜가? 이러다가 유권자보다 대통령 입후보자가 더 많을 것이라는 슬픈 농담이 나온다.

저마다 앉을 자리는 있다. 유치원 꼬마가 회전의자에 앉으면 어찌 되는가? 교장 선생님이 유치원 꼬마 의자에 앉으면 어찌 되는가? 분수를 알아야 한다. 대통령 자리가 감옥 가는 코스라는 악담도 있지만 아무나 하는 것이 아니다.

김부겸이 총리가 됐다. 이렇게 될 줄 알았다. 반대 퇴장 임명, 정해진 순서 아닌가. 이게 정치냐? 이렇게 해서 정치를 황폐화하고 조롱거리로 만든다. 조롱의 대상은 정치인이다.

검찰개혁과 언론개혁을 해라. 국민이 원하는 것이 아닌가? 협치로 해볼 생각은 꿈에도 말라. 국힘이 원하는 협치는 항복을 의미한다. 선거로 판가름낼 수밖에 없다. 국민이 반대하면 민주당은 보따리 싸면 된다. 나라가 산으로 가든 바다로 가든 국민이 선택한 것이다.

인간의 능력은 자기 나름의 한계가 있다. 시력도 그렇고 판단력도 그렇다. 지도자도 그렇다. 과장된 경우도 많다. 스스로 과대 평가하는 경우도 많다. 정치는 생물이다. 너무 까불지들 말고 진심으로 정치하라.

지금은 위기라고 생각한다. 누가 집권을 하더라도 같다. 위기를 극복하지 못하면 국민이 불행해진다. 지도자들은 그 죄를 어떻게 하려고 그러느냐?

이 글을 마지막으로 다시는 칼럼 같은 거 안 쓴다고 맹세한다. 벌써 몇 번째인가? 셀 수도 없다. 며칠이 지나면 또 글을 쓴다. 이것도 중독인가?

# 19 내 삶을 지켜주는 나라

– '사람 사는 세상'에선 '사람이 먼저'

초등학교 때 동네에는 대장 형이 있었다. 겨우 중학교 2학년이지만 우리에게는 절대적인 존재였다. 형은 의젓했고 모범이었다. 집에 맛있는 과자라도 생기면 꼭 싸다가 우리를 주었다.

형이 학교에서 한 일을 자랑할 때 우리는 넋을 잃고 들었다. 어느 날 동네 꼬마가 이웃 동네 애들한테 매를 맞았다. 눈에 멍이 든 꼬마를 본 형은 이를 악물더니 윗동네로 갔다. 우린 못 따라오게 했다. 잠시 후 돌아온 형의 얼굴은 코피가 터져 피투성이였다. 우린 울었다. 형은 웃으며 "그 자식도 코피 터졌다"라고 말했다.

### # 내 삶을 지켜주는 나라

가정은 매우 소중하다. 가족도 소중하다. 아버지, 어머니, 형들은 모두 우리 가정을 지켜주는 기둥이다. 나라도 역시 같다. 나라가 없으면 누가 우리를 지켜주겠는가? 일본에게 나라를 빼앗겼을 때 나라 없는 백성으로 당한 고통을 누가 알겠는가? 관동대지진 때 조선인이 우물에 독약을 탔다고 음해를 하고 일본인들은 한국인이 개처럼 패 죽였다. 그때 누구 하나 함께 울어주지 않았다. 나라 없는 탓이다. '내 삶을 지켜주는 나라'라는 말이 가슴을 파고드는 이유도 바로 그것이다.

우리는 남과 북의 전쟁으로 수백만의 동족이 골육상쟁으로 목숨을 잃었고 지금도 총을 서로 겨누고 있으며 그나마 개성공단을 매개로 교류하는데 박근혜는 문을 닫았다. 누가 우리의 삶을 지켜줄 것인가? 우리의 삶은 우리 모두 힘을 모을 때 지켜 낼 수 있다.

우리의 삶을 지켜주는 나라는 바로 '사람이 사람답게 사는 나라'다. 그 이상은 아무것도 바랄 것이 없다. 서로 모략하지 말아야 한다. 설사 정치적 주장이 달라서 찬성은 하지 못한다 해도 거짓말 모략을 해서는 안 된다. 요즘 너무 기막힌 소리를 들어서 세상이 살기 싫을 지경이다.

'이기명이 이낙연 지지에서 등을 돌려 이재명을 지지한다고 하더라.'

이 말을 믿을 사람이 세상에서 몇 명이 되겠느냐만, 자기들 이익을 위해서 이런 모략을 태연히 하는 자들이야말로 나라를 분열시키고, 분열은 바로 우리의 삶을 지켜주는 사람 사는 세상을 만들어 가는 데 도움이 되지 않는다. 바로 이런 거짓을 퍼트리는 자는 반민족자라고 단언한다.

정치도 경쟁이고 경쟁이면 지지자들이 많은 것도 좋겠지만 금방 들통이 날 거짓말을 해서 어쩌자는 것인가? 정치는 정직하게 해야 하고 그렇지 않으면 아무리 지지자들을 태산처럼 모았다 하더라도 순식간에 모래성처럼 무너져 버린다.

자기가 지지하는 사람은 지지하면 된다. 그러나 나를 변절자로 만들어 얻는 이득이 뭐가 있는가? 그럴 수 있을지 모르지만, 이재명은 자신의 지지자들에게 확실한 지시를 해야 한다. 정직하라고.

내가 이재명을 지지하지 않는 이유를 공개적으로 설명할 필요는 없다. 아는 사람은 다 안다. 칼럼 서두에 쓴 것처럼 내 나라를 지켜줄 가장 적합한 적임이라고 믿지 않기 때문이다. 내가 꼬맹이 시절 우리를 지켜주기 위해 코피가 터지며 이웃 동네 큰 형과 맞붙어 싸운 형과 같은 신뢰가 없기 때문이다. 신뢰라는 것은 이처럼 중요한 것이다.

이재명이 친형에게 쏟아놓은 차마 듣기 힘든 험한 욕설이나 여배우와의 추문들도 그를 신뢰 못 하게 하는 원인 중에 하나다. 그게 내 탓은 아니잖은가?

# 과잉충성은 안 하는 것만 못하다

이재명 지사 주위에서 온갖 충성을 하는 사람들을 안다. 그중에는 노무현 대통령에게 충성하던 사람들도 있다. 그들을 잘 안다. 날 보기 민망하면 안 보면 된다. 그러나 이간질을 하면 안 된다. 나이 탓을 하면 안 되지만 봉하에도 못 갔다. 늙은 몸이 사고라도 나면 도리가 아니기 때문이다. 이다음에 죽으면 뵙고 사죄할 것이다.

지도자에게 가장 소중한 덕목은 신뢰다. 신뢰 없이 쌓은 누각은 사상누각이다. 모래성이다. 정치지도자들은 명심해라.

# 20 내 가슴에도 판사가 있다

## – 판사가 신이냐

판사에게 가장 고통스러운 것은 자신이 오판했다는 사실을 발견했을 때일 것이다. 하지만 오판을 인정할 수도 없는 일. XXX냉가슴이다.

럭비에서 오판은 인정 않는다. 영국의 유명한 럭비심판이 한 어떤 판정을 두고 사람들은 명백한 오판이라고 생각했지만, 번복은 없었다. 세월은 흘러 그 심판이 늙어 죽게 됐다. 그때 마지막 유언.

“그때 오판이었네.”

그는 편안하게 눈을 감았을 것이다.

### # 형장에서 사라지는 오판 희생자

재판에서는 유죄와 무죄가 날카롭게 맞선다. 피고석에 앉아있는 미결수. 그는 무슨 생각을 하고 있을까? 검사와 변호사가 아무리 유무죄를 다투며 떠들어도 가장 잘 알고 있는 것은 피고다.

이윽고 판사가 입을 열고 “무죄”를 선언. 살인혐의로 재판을 받던 피고는 석방된다. 피고가 늙어 세상을 떠날 때 그가 마지막으로 남긴 말은 무엇일까?

"난 살인범이다."

세상에는 억울하게 죽은 사람이 많다. 통혁당 사건으로 사형을 받고 형장에서 사라진 사람들. 그들은 죄 없는 사람들이다. 그들에게 사형판결을 내리고 세상을 떠나게 한 판사 중 아직도 살아 있는 사람들이 있다. 그들은 지금 뭐라고 하는가? 사람은 실수할 수도 있다고 마음 편할까. 바로 양심의 문제다.

인간의 가슴속에 양심이 없다면 세상은 어찌 될 것인가? 아니 어찌 되었을까? 죽을죄는 아니더라도 많은 잘못을 저지른 나도 이렇게 살고 있다. 재판을 받는 사람을 보면서 속으로 나는 저들보다 나은 것이 뭔가 하는 자책을 하는 것은 그래도 양심이 조금은 살아 있다는 뜻이다.

# 이재명과 김부선

김영환 전 의원이 김부선을 초청, 자장면을 들면서 대화를 나눈다고 언론이 떠들썩했다. 무슨 얘길 했는지 모르지만, 대화의 중심에 등장했을 이재명 지사는 몹시 신경이 날카로워졌을 것이다. 어쩌다가 저런 실수를 해서 지금 곤욕을 치르느냐고 걱정을 해도 소용이 없는 일이다. 그래서 내 집안 어른들이 말씀하시길 남자들은 조심해야 할 것이 두 가지가 있다고 하셨다. '입부리'와 'X부리'다. 남자들이 저지르는 말썽 중에 그 두 가지를 잘못 써서 파탄 나는 일이 가장 많다는 것이다. 옳은 말씀이라고 인정한다.

민주당이 박살 난 서울시장 부산시장 선거도 이유는 거기에 있었다. 유력한 대선후보로 촉망받고 자식처럼 여기던 충남지사도 역시 그 문제다. 지금 대선 1위를 달리는 이재명도 그 문제로 머리가 지끈거릴 것이다.

김영환 전 의원은 왜 새삼스럽게 그 문제를 들고나와 시끄럽게 하는가? 이재명에게 낙선한 복수를 하는 것인가? 난 시인을 참 존경한다. 김영환 전 의원은 시인이다. 그냥 시인으로 살았으면 얼마나 좋을까, 치과의사로 먹고사는 것도 별걱정이 없었을 텐데 괜히 정치에 발을 들여놔서 저 지경이다.

김부선 문제는 언제까지 갈 것인가? 점쟁이가 아니니 알 도리가 없지만 오래갈 것 같다.

사람 잘 알아본다고 남들이 평가해 주는 바람에 내가 우쭐한 것은 절대 아니다. 누가 뭐라고 해도 국민의 눈은 밝다. 정치인들은 절대로 까불지 말아야 한다. 인기 좀 있다고 하늘 높은 줄 모르고 까불다가 나중에 초라한 꼴이 된 정치인들은 참 많다. 여의도 엘리베이터에서 김문수를 봤는데 얼굴이 많이 상했다. 이제 나이도 먹었으니 제정신 좀 차렸으면 얼마나 좋을까? 욕을 많이 해서 그런지 날 보고 아는 척도 안 한다. 나도 모른 척했다. 세상 참 그렇다.

어제 아침 내 칼럼을 읽은 어느 분이 '걱정이 많이 되시겠다'고 위로를 하신다. 내 글 속에 그런 걱정이 있었나. 걱정 안 하셔도 된다. 내 안목과 판단을 믿고 있고 무엇보다도 국민을 믿는다. 지나온 길을 보면 갈 길도 보인다. 내 가슴속에 자리 잡은 현명한 판사는 절대로 오판하지 않는다. 나는 믿고 있다.

# 21 대통령은 국민이 뽑는다

## – 잘못 뽑고 후회한들

"중대한 결정을 해야 한다. 객관적으로 승리는 불가능하다. 개망신당하고 지느니 기권을 하자. 욕은 안 먹는다. 결정해라. 너희 뜻에 따른다."

결승 전날이다. 주전 15명(15명제 럭비) 중에 뛸 수 있는 선수는 11명. 나머지도 부상이 많다. 상식대로라면 패전은 당연하다. 비장하다. 럭비부는 해체를 앞두고 있었다. 그 대회 우승이라도 하면 유지가 가능할 수도 있다. 그러나. 가망이 없다. 듣고 있던 고1짜리 막내 선수가 입을 연다.

"형들, 붙어요. 죽을 각오 하고 끝까지 붙자고요."

눈물을 훔치는 후배를 보며 결단을 내렸다. 좋다. 죽자.

다음 날. 주전선수 넷이 빠진 우리 럭비팀, 상대 팀은 벌써 우승이라도 한 듯 기고만장이다. 경기가 시작됐다.

잠시 후, 스스로 눈을 의심했다. 우리 선수들이 훨훨 나른다. 전혀 불가능한 공도 날개를 단 듯 달려가 나이스 캐치. 남산만 한 덩치의 상대편 선수를 우리 막내가 멋지게 태클. 도대체 이게 무슨 일이란 말인가? 상대 선수들은 어리둥절, 우왕좌왕, 게임의 주도권을 완전히 우리가 장악했다.

# 우승기를 안고 울었다

경기 종료를 알리는 신호가 울리고 우리는 그냥 운동장에 앉아서 울었다. 어느 누구도 우리의 우승을 생각지 못했다. 그러나 우리 손에는 우승기가 들려 있었다. 이것이 기적인가? 기적이라도 좋다. 그 기적을 우리가 만들어 낸 것이다.

다음 날 아침 조회시간이다. 교장 선생님이 우리 럭비선수들을 모두 앞에 불러 세웠다. 우승기를 높이 들었다. 그리고 럭비부 폐지를 취소했다. 우리는 다시 한 번 울었다. 80년 전 기억이 선명하게 떠오른다. 그때 선배들은 기적이라고 했다. 지금도 생각하면 가슴 떨리는 기억이다. 그때 게임을 포기해 버렸다면 지금 이런 칼럼을 쓸 일도 없을 것이다.

# 노무현 지지율

"똑똑해 봐라. 상고 출신 아이가. 분수를 알아야지. 대통령 출마라니 말도 아이다."

노무현 의원이 대통령 출마를 선언했을 때 많은 사람들이 웃었다. 가난한 농민의 아들. 아침에 고구마만 먹고 학교에 다니던 소년. 장래 소원이 면서기였던 소년. 공부를 잘해서 부산상고 장학생이 된 소년. 땅굴에서 공부해서 고시에 합격한 노무현. 그러나 노무현은 대통령에 당선됐다.

부정선거로 당선된 것이 아니라 서울법대 출신 대법관을 지낸 상대를 이기고 대통령이 됐다. 국민들은 인정한 것이다. 그의 애국심을 알아본 것이다. 국민은 위대하다.

노무현의 면전에서 그를 모욕하던 중앙일간지의 중견 기자는 내게 사과했다. 내가 물었다. 이게 기적이냐고. 그는 그렇다고 했다. 나는 아니라고 했다. 그는 아무 말도 못 했다.

노무현의 대통령 시절, 그토록 노무현을 못살게 굴던 언론과 검찰은 노무현 대통령의 비극을 보면서 회심의 미소를 지었으리라. 자신들에게 도전하면 이처럼 참혹한 꼴을 당한다. 그러니 엉뚱한 꿈들은 꾸지 마라. 이것이 경고인가? 그러나 역사는 그들의 방약무인한 작태를 엄숙히 나무라고 있다.

# 개혁이란 이름의 자기 합리

인간은 만물의 영장이라고 하지만 결함 역시 가장 많다. 인간을 평가하기란 참으로 어렵다. 그런데도 평가를 하지 않을 수가 없다. 인간이 걸어온 과거는 매우 중요하다. 특히 지도자로 거명되는 사람들의 과거는 더욱 중요하며 대통령 후보의 경우는 더 말해 뭘 하랴.

흉을 감추려고 하는 것은 인간의 공통점이라고 할까. 그러나 감추려고 해도 맘대로 되는 것이 아니다. 나는 누군가 지지하기 전에 그 사람에 대해 많은 공부를 한다. 알지도 못하면서 어떻게 지지를 한단 말인가? 내가 이낙연 의원을 지지하는 것은 세상이 다 안다. 무엇이 그를 지지하게 했는가?

기자 생활로 닦은 관찰력이 깊다. 5선 의원을 하면서 국회를 안다. 당 대표를 했고 국무총리를 경험했다. 사람들은 이낙연 의원의 친근감 부족을 지적한다. 거리감을 느낀다고 한다. 옳은 지적이다. 나도 그런 점은 느낀다. 어떻게 해야 하는가? 자신이 알아서 고쳐야 한다.

사람마다 결점이 없는 사람이 어디 있으랴. 문제는 가능성의 문제다. 이낙연의 성실과 정직, 신뢰는 참으로 귀한 것이다. 눈앞의 곤경만 모면하려는 요령꾼이 너무나 많은 오늘의 한국 정치에서 그는 매우 소중한 존재이다.

나의 판단이 틀릴 수도 있지만, 오랜 세월 한국의 정치지도자를 많이 접촉하면서 지도자를 판단하는 눈을 키웠다고 자부한다.

# 나의 판단은 모두 옳은가

노무현 대통령이 생존해 계실 때 나는 공개적으로 황송한 칭찬을 들었다.

“선생님은 어떻게 좋은 사람을 정확하게 가려내십니까?”

얼마나 어려운 질문인가? 그러나 바로 대답했다.

“사심 없이 관찰하면 보입니다.”

사심이 눈을 가리면 판단력이 흐려진다. 이낙연 의원과는 아무런 사적 인연이 없다. 학연도 지연도 없다. 오직 나의 판단이다.

요즘 이낙연 의원을 지지하는 운동원들은 힘이 빠졌을 것이다. 당연하다. 내가 칼럼 앞부분에서 럭비 얘기를 했다. 이해했으리라고 믿는다.

지난 4월 24일 '플랫폼 더 숲' 대구 경북지역 결성식에 참석, 축사를 했다. 많은 인사들과 대화를 나누었다. 대구의 어른들과도 얘기를 나누었다. 이해해 주셨다.

내가 앞부분에서 고등학교 때 겪은 럭비결승전 얘기를 했다. 내가 겪은 실화다. 나는 이 실화가 다시 재현된다는 믿음을 가지고 있다. 내 믿음은 틀린 적이 별로 없다. 이것은 이낙연에 사랑 이전에 내 조국에 대한 뜨거운 사랑이다. 조국은 나를 배신한 적이 없다.

# 22 대통령 후보도 참 많구나

## – 제대로만 해라, 국민이 뽑아준다

'대통령 출마합니다. 후원 좀 해 줍쇼.'

열이 치밀어 발길질했다. 주정뱅이가 뒤로 벌렁 자빠졌다.

"아니 여보 왜 그래요?"

아내가 놀라 소리친다. 길을 가다가 주정뱅이가 대통령 출마한다고 후원해 달라는 소리에 열 받아서 발길질했는데 꿈이다.

개나 소나 대통령 출마다. 제발 이러지 좀 말라. 대통령 출마 연습장이냐? 개도 웃는다.

대통령 출마하겠다는 예상 후보들을 보니 이 나라에 인물이 정말 많다. 얼마나 다행스러운 일이냐? 연습 삼아 출마한 거냐? 못쓴다. 국민들이 정치를 우습게 안다. 대통령이 감옥을 '풀 방구리' 쥐 드나들 듯한다. 이건 정치도 아니고 국민이 창피하다. 내 몸 내 맘대로 쓰는데 무슨 상관이냐고 할지 모르나 이건 도리가 아니다. 국민 괴롭히면 벌 받는다.

잘 뽑으면 될 거 아니냐고 할지 모르나 잡석 속에서 옥돌은 힘들다. 군계일학이 쉬운 거 아니다. 무슨 소리냐고 할지 모르지만, 정신 좀 차리자는 것이다.

청문회가 한창이다. 경험은 산교육이라고 하더니 이번 김부겸 총리의 청문회로 차량 벌금 체납은 사라질 것이다. 기자들은 한 번 취재해 보지 않겠는가? 벌금 안 낸 국회의원들이 얼마나 되는지. 기자들은 깨끗한가? 오래전에 기자와 동승했다가 교통 검문에 걸렸다. 신분증을 내보인다. '오늘은 기자님들 많이 뵙네요.'

김부겸 후보는 젊었을 때 자주 만난 똑똑한 젊은이였다. 꿈도 커 보였다. 총리까지 지명됐으니 내 눈은 그때도 쓸 만했던 모양. 좀 더 두고 봐야지.

### # 눈 감고 싶은 청문회

청문회를 보는 국민들의 심정은 어떨까? 저런 사람들을 대표라고 뽑은 자괴감이 들지 않을까? 질문하는 수준을 보라. 창피를 모르는 것 같다. 창피는 본능이다. 본능을 모르면 짐승이다. 아니라고 할 텐가? 자식들 볼까 민망할 것이다.

몹쓸 생각이지만 나라의 미래가 걱정된다. 정치도 사람이 하는 것인데 정치인에 대한 믿음에 자신이 없다. 여와 야를 막론하고 정치인들이라면 우선 불신부터 앞선다. 그들의 책임이다.

민주당이 망하고 국민의힘이 집권한다고 해도 달라질 것이 하나도 없다는 생각이다. 비교하면 국민의힘보다는 민주당이다. 정치라는 것이 조금 나은 것을 선택하는 것이다. 이미 국민의힘은 실패한 정치로 검증됐고 그들에게 다시 기회를 줄 필요는 없다. 민주당에 피가 나도록 채찍

질해서 정신을 차리게 해야 한다. 송영길 잘해라.

김기현 야당대표가 5·18 묘비를 어루만지며 눈을 붉히는 보도를 보았다. 이런저런 말들이 많고 나 자신도 저것이 진심이냐 언급을 했지만 내 태도는 옳지 않다. 순수하게 받아들여야 하는데 그렇지 못한 나도 마음이 오염됐기 때문일 것이다. 사과한다. 설사 진심이 아니었다 하더라도 5·18 묘역에 들어서면 비극으로 눈시울이 뜨거워졌을 것이다. 김기현 대표뿐이 아니라 다른 야당 인사들도 자주 갔으면 좋겠다는 생각이다.

#### # 잘못된 정치는 국민도 책임

한겨레서 퇴직한 후배와 나눈 대화가 아프다. 조금만 더 젊었으면 한겨레 창간 정신으로 국민 모금을 해서 정론지를 만들고 싶다고 했다. 한겨레가 너무 변해서 '한걸레'란 별명이 붙었다. 창간사원들이나 주주들은 가슴을 친다. 왜 이렇게 됐을까? 그들에게 물어보면 알 것이다. 왜 검찰이 바뀌어야 하고 언론이 바뀌어야 하는지 본인들이 제일 잘 안다. 그러나 바꾸지 않는다. 바뀌면 손해기 때문이다.

아무리 세월이 빠르다 해도 대선은 아직 시간이 있다. 민주당은 피를 쏟는 고통이 있더라도 바꿔야 한다. 국민들이 호응을 할 것이다. 민주당 최고위원 선거에서 왜 김용민, 강병원 의원이 고득표를 했는가를 생각해 봤는가? 국민을 바보로 아는가? 국민은 다 안다.

무슨 짓을 해서 당선이 됐는지는 따지지 않겠다. 그러나 이들 젊은 민주당의원들은 국민들이 제대로 평가를 한 것이다. 이들이 민주당의 지도자로 당을 이끌어 나가야 한다. 국민은 지지할 것이다.

집에서 기르는 개도 나쁜 짓 하면 사랑을 잃는다. 하물며 사람이야 더 말해 뭘 하겠느냐? 민주당의 의원들. 대통령만 꿈꾸지 말고 국민 위해 정치 잘할 생각을 해라. 그러면 국민들이 꽃가마 메고 모시러 온다.

# 23 대구야 잘 있었느냐

## – 내가 사랑한 대구

# '나의 침실로' '빼앗긴 들에도 봄은 오는가'

60여 년 전의 기억이다. 나는 대구에서 군대생활을 했다. 김해 공병학교에서 1등을 한 나는 어느 곳에서나 근무할 수 있었으나 집이 있는 서울을 마다하고 대구를 지원했다. 이유는 단순했다. 내가 좋아하는 시인 이상화가 태어난 곳이기 때문이다.

# '나의 침실로'

'마돈나! 밤이 주는 꿈, 우리가 엮는 꿈,
사람이 안고 궁그는 목숨의 꿈이 다르지 않으니
아– 어린애 가슴처럼 세월 모르는
나의 침실로 가자. 아름답고 오랜 거기로.'

# '지금은 남의 땅 빼앗긴 들에도'

나는 온몸에 풋내를 띠고,
푸른 웃음 푸른 설움이 어우러진 사이로,

다리를 절며 하루를 걷는다. 아마도 봄 신령이 지폈나 보다.

그러나 지금은— 들을 빼앗겨 봄조차 빼앗기겠네.

절절히 가슴을 적시는 이상화의 시 두 편. 일부분을 소개했다. 전문을 옮기지 못한 결례를 사과한다. 고등학교 시절, 무척이나 긴 시를 줄줄이 외우는 나를 보며 문학소녀들의 시선은 뜨거웠다.

나는 대구에서 군대생활 전반부를 근무했다. 내가 좋아하는 시인 이상화의 시비가 세워진 달성공원을 많이도 찾았다. 이상화의 고향이라고 해도 생판 타향인 대구의 군대생활은 무척 외로웠다. 그래도 무뚝뚝한 경상도 사투리의 대구 선배들은 쫄따구 이등병을 무척 사랑해 주었다. 음악을 좋아한 나를 일요일이면 향촌동 녹향음악실로 데리고 갔다. 새까만 이등병은 음악실 구석에 앉아 차이콥스키의 '비창'을 들었고 쇼팽의 '야상곡'을 감상했다. 서울의 돌체를 생각하며 그리움의 눈물도 지었다.

### # 불의에 대한 대구의 저항

대구의 젊은이들은 불의에 대해 견디지 못한다. 1960년 2월 28일 일명 2·28 사건이 그렇다. 자유당 정권이 학생들을 일요일에도 등교를 시키자 시위에 나섰고 그것을 계기로 전국적인 반독재 투쟁이 일어났다. 투박한 경상도 사투리로 독재정권을 성토하던 학생들. 지금은 모두 무엇을 하는지, 빡빡머리에 교복을 입은 채 시위를 하던 경북고등학교 학생들이 지금도 눈에 선하다.

그때는 지역감정의 장벽도 지금 같지 않았다. 대구도 광주도 다 같은 내 나라 내 땅. 이효상 국회의장의 망국적 지역감정 조장 발언이 있기 전에는 지금 같은 처절한 지역감정은 없었다. 참으로 못된 이효상이다. 같은 시인인 이효상과 이상화는 어찌 그렇게 다를 수가 있을까? 땅을 치고 통곡할 일이다.

# '더불어 숲' 경북지역 결성식

내가 대구에 온 이유는 '더불어 숲' 대구 경북 결성식 때문이다. 이낙연 의원의 상임고문이자 역시 더불어 숲 상임고문인 나는 힘들테니 빠져도 된다는 후배들의 만류를 물리치고 대구를 찾았다. 그리움 때문이다. 가보고 싶던 녹향 음악실은 잘 있는지 꼭 가보고 싶었는데 근처에도 못 갔다.

나는 싸움하는 정치인이 아니라고 스스로 생각한다. 국민들도 그렇게 인정해 줄 것이라고 믿는다. 이유는 내가 걸어온 길이 그렇기 때문이다. 난 못된 정치를 비판하는데 여야가 없다고 생각했다.

나는 그 정치인이 걸어온 길이 어떠했는지를 기준으로 정치인을 판단한다. 제아무리 입으로 애국을 떠들어도 그가 걸어온 길이 아니면 아닌 것이다. 아무리 거짓말을 해도 걸어온 길은 흔적을 남긴다. 그래서 과거란 무서운 것이다.

과거에 흠결이 많은 인간일수록 위선은 극을 달린다. 내가 비록 나이를 먹고 죽을 날이 가깝다 할지라도 참고 볼 수가 없다. 그런 자들을 정치판에서 도태시키는 것이 나의 할 일이라고 믿고 산다.

내 말을 '더불어 숲 경북 대구 지역' 창립회원들은 어떻게 들었을까? 판단이야 그들의 마음이지만 제발 바로 들어주기를 바란다.

지도자를 잘못 선택한 국민의 잘못된 판단이 역사를 뒤틀리게 하고 자신들에게 얼마나 극심한 고통을 주었는지는 경험을 통해 잘 알았을 것이다. 지도자라고 자처하는 인물들은 너무나 많다. 그러나 진정한 지도자는 어디 있는가? 국민이 두 눈 크게 뜨고 찾아야 한다.

# 진정한 지도자는 어디 있는가

많고 많은 겉으로 보는 허상의 지도자가 아닌 마음의 눈이 보는 진정한 지도자를 찾도록 하자. 잘못된 지도자를 선택한 과오는 우리 국민이 고스란히 져야 한다. 얼마나 국민들이 고생을 했는가?

20대 청춘의 한 부분을 묻은 대구. 너무나 사랑한 대구였다. 그러나 지금 대구는 광주와 더불어 지역감정의 높은 벽을 넘지 못한다. 어떻게 할 것이냐? 이 벽을 그대로 둔 채 자식들에게 넘겨 줄 것이냐?

동대구역에서 기차가 떠날 때 나는 기도했다. 내가 다시 대구를 찾을 때 수십 년 전 이상화의 시를 외우며 녹향 음악실에서 음악을 듣던 젊은 이기명의 모습으로 돌아가기를 빌고 또 빌었다. 우리는 한 민족 영원히 하나다.

사랑하는 대구여. 대구여.

# 24 민주당, 정말 망하고 싶으냐

## – 이 몸이 죽어서 나라가 선다면

"이 몸이 죽어서 나라가 선다면 아아 이슬같이…."

어린 시절 신나게 부르던 군가다. 일제 때 미군 전함에 충돌해 전사한 '가미가제특공대'를 영웅으로 생각하던 어린애들의 생각이니 큰 의미를 둘 필요는 없을 것이다.

만약 우리가 그대로 자랐다면 '가미가제특공대'로 죽는 것을 영광으로 생각했을지도 모른다. 그렇게 교육이란 무서운 것이다.

나이 80이 넘어서 새삼스럽게 애국을 말하고 나라 걱정 혼자서 하는 것처럼 주접을 떠니 민망하지만 나라 걱정을 하는 것만은 사실이다. 나 같은 늙은이가 나라 걱정을 해서 무슨 대단한 이바지를 하랴만 정치가 한심해서 친구들끼리 모이면 한탄을 한다.

이기심이라는 것은 누구에게나 있다. 본능에 가깝다. 애국심은 어떨까. 언론에 보도되는 몇몇 정치인들의 행동을 보면 저런 것이 바로 사이비애국자요 파렴치범이구나 하는 생각이 든다. 삼척동자도 다 알 수 있는 나쁜 짓을 하고도 뻔뻔하게 아니라고 우기는 모습은 지난 보궐선거에서 눈이 시도록 봤다.

더욱 기가 막힌 것은 이런 사람들이 바로 나라를 위해서 이 한 몸 다 바치겠다고 국민들에게 약속을 한 정치인들이라는 사실이다. 이들에게 몰표를 몰아준 국민감정도 기가 막히다. 정치인도 사람이니 거짓말도 할 수 있는 것이 아니냐고 강변을 한다면 차라리 정치하지 말아야 한다.

# 정치인과 도둑놈

남의 집 담 넘어가는 도둑이야 한 집에만 손해를 끼치지만, 정치란 이름으로 못된 짓을 하는 인간들은 나라를 병들게 한다. 그들의 행태를 보면 차마 입이 더러워질까 봐 욕마저 꺼리게 된다. 이들도 어려서 군가를 불렀으리라.

'이 몸이 죽어서 나라가 선다면. 아아 이슬같이 죽겠노라.'

어떤가 이슬같이 죽겠는가? 이슬같이 죽기를 바라지는 않으니 제발 사람답게 살면서 국민들이나 괴롭히지 말았으면 하는 게 국민들의 간절한 소망이다.

미국에 유학 간 한국인이 길을 가는데 동양인 2명이 하는 말.

'저거 엽전 아냐?'

엽전은 한국인을 비하하는 말이다.

'네. 엽전입니다.'

달려가서 손을 덥석 잡은 엽전. 얼마나 그리운 엽전이고 보고 싶은 얼굴인가? 이스라엘의 강철 같은 애국심은 어디서 나오는가? 나라 없이 떠돌며 학대받은 설움. 조국이란 이렇게 소중한 것이다.

일본에게 강점당해 조센징이란 멸시 속에 살아온 우리 민족이다. 이제 우리도 이만큼 살게 됐다. 세계 10위권에 드는 경제 대국이다. 전자 분야에선 수위를 다툰다.

우리의 꿈은 통일이다. 남북이 통일되어 대륙으로 뻗어가는 우리의 힘을 어느 누가 막을 수 있겠는가? 엽전 소리 들어도 감동하는 그런 세상은 없어져야 한다.

중국을 통해 백두산에 올라 천지를 내려다보면서 눈물을 흘리던 그 서러움. 왜 내가 우리 조상들이 마음 놓고 거닐던 내 땅을 맘대로 다니지 못하는가? 왜 눈물을 흘려야 한단 말인가? 왜들 이렇게 싸우느냐? 좋은 가정 교육받고 높은 벼슬도 했다. 그러나 나라가 망한다면 어디로 갈 것이냐?

이제 일본의 침략으로 나라가 망하는 것이 아니다. 북한이 남침해서 나라가 망하는 것도 아니다. 먹을 게 없이 가난해서 망하는 것이 아니다. 서로 싸워 망하는 것이다. 권력다툼이라는 벼락 맞을 짓으로 나라가 망하는 것이다. 눈에 보이지 않는가?

부모 때려죽인 원수라도 그렇게 미워할 수가 없다. 시퍼렇게 눈 뜨고 있으니 잘들 볼 것이다. 전라도, 경상도 편을 갈라 지내고 있으니 이래서 무슨 놈의 통일을 얘기하겠는가?

제아무리 똑똑해도 경상도에서 태어났으면 전라도에서는 행세를 못한다. 전라도에서 태어났다고 경상도로 시집을 못 가는 이런 빌어먹을 땅이 어디 있더란 말이냐? 개도 못 줄 못된 짓을 하면서 나라 망할 짓 좀 하지 말라면 펄펄 뛰는 게 정치인이다. 그럼 묻자. 누가 나라 망할 짓 하라고 했느냐?

# 민주당 들어라

국민의 염원이 무엇인지 모르는가? 개혁이다. 검찰개혁, 언론개혁이 무엇인지 모르는가? 개혁 없이는 정권 날아간다. 문재인 대통령 감옥 가는 거 보려고 하는가? 감옥 안 간다는 보장 있는가?

개혁 없이 민주당의원들은 살아남을 거 같은가? 다음에 다 떨어진다. 정치 못 한 것은 둘째 치고 미워서 낙선시킨다. 국민감정이 지금 그런 것이다. 180석으로 검찰개혁도 언론개혁도 못 하는 민주당에 대한 국민감정이 그렇다.

개혁을 포기해 서울과 부산 다 내줬다. 이유를 모르는가? 표 달라고 할 염치가 있는가? 땅투기 주택투기 한 고위공직자들도 모조리 잡아넣어야 한다. 그런 다음에 지지를 부탁해라. 그럼 지지받는다.

두 손 모아 국민이 빈다. 몸 고생이야 도리가 없다고 해도 마음고생하는 국민을 조금이라도 생각한다면 개혁의 칼을 뽑아라. 국민들이 박수를 칠 것이다. 지금 민주당은 망하는 길로 달린다. 절벽에서 떨어지면 아무리 기어 올라가려고 해도 안 된다. 지금 정신 차려야 한다. 땅을 치고 후회해도 소용없다.

180석 민주당이 할 수 있는 일이다. 개혁해라. 검찰개혁, 언론개혁만이 살길이다.

# 25 민주당 지지율, 눈물이 난다

## – 아아 어쩌다 이 지경이 되었느냐

구질구질한 서론은 집어치우자. 내 눈에 선히 보이는 모습이 있다. 다음 총선에서 정권이 바뀌고 민주당 정권의 고위공직자를 비롯한 국회의원들이 줄줄이 향하는 감옥이다. 자신들은 꿈에도 그런 생각을 하지 않겠지만 잡히리라고 생각하고 담 넘는 도둑은 하나도 없다.

요즘 생각이 어떤가? 여론조사를 믿고 싶은 생각은 추호도 없겠지만 발표되는 여론은 내게 지옥이다. 태평들 하신가. 정권이야 오고 가는 것이라고 대범하게 생각하시는가? 절대로 정권은 뺏기지 않을 자신이 있다고 느긋하신가. 생각이야 마음대로다. 그러나 국민의 마음은 민주당과 다르다.

나는 여론조사가 발표될 때마다 간장이 탄다. 감옥이야 설마 하겠지만, 나에게는 설마가 없다. 내가 만나는 수많은 국민들은 민주당에 대해서 빚진 것이 없다. 잘하면 칭찬하고 잘못하면 욕한다. 요즘 듣는 것은 욕뿐이다.

나는 민주당의 권리당원이고 노무현 대통령의 후원회장이었고 문재인 후보 언론 멘토였고 이낙연 의원의 상임고문이다. 내 심정을 다들 알 것이다.

요즘 너무 힘이 든다. 어딜 가던 욕하는 소리에 귀를 막고 싶은 심정이다. 인간이 하는 일은 잘할 때도 있고 잘못 할때도 있다. '이승엽'이 맨날 홈런 치는 것이 아니다. 그러나 요즘은 민주당이 이렇게 못할 수가 있느냐는게 국민의 소리다.

# 언론개혁, 검찰개혁 두 가지만 해 보라

기자라고 하면 다 같은 기잔가? 검찰출입쯤 하면 얘기가 달라진다. 특별대우 받는다. 익숙해지면 중독된다. 기사 가지고 공직자도 시비 못 걸고 검·경도 눈감아준다. 지금은 모르지만, 옛날엔 뇌물도 챙기고 술도 많이 얻어 마셨다. 그 좋은 특권 내놓으려고 할까? 절대 안 내놓는다. 언론개혁? 어림없다. 손에 장을 지질 수도 있다.

후배 기자 녀석 똑똑하다. 알 거 다 안다. 솔직해서 좋다. 기자가 특권계급이 아니라면 그는 기자가 아니다. 언론개혁 하자면 벌에 쏘인 듯 펄쩍 뛰는 기자들, 자신들이 소유한 그 좋은 기득권을 잃기 때문이다. 그들이 가진 기득권 때문에 국민이 알아야 할 온갖 비리가 은폐된다. 조·중·동의 비리는 성역이다. 언론개혁 없는 개혁은 최고사기다.

검찰개혁을 말하면 새삼스럽다. 이천여 명이 넘는 검사들은 억울할 것이다. 국민으로부터 지탄과 저주를 받는 검찰은 소수라고 생각한다. 일일이 지적하다 보면 해가 저문다. 특수부 출신들이 어떻게 퇴임 후 수십억 수백억의 재산가가 되는지 그들 자신은 잘 안다. 검찰개혁 없이 이 나라의 정의는 없다. 바로 고위 특수부 검찰 출신의 고백이다. 이 나라에 정의가 어디 있는가? 정의로운 검찰이라니 무슨 잠꼬대인가? 지금은 민주당 정권이다.

# 차라리 귀를 막고 살고 싶다

언론 민주화운동이 한창일 때 언론사 사주들은 노조의 눈치를 살피느라 바빴다. 오늘의 대 언론사 노조는 사주의 눈치를 본다. 사주의 기분에 맞는 기사인가? 기레기들이 쓴 '조·중·동'의 기사를 보면서 언론은 죽었다는 퇴직 기자의 탄식을 들으며 언론의 장송곡을 듣는다.

그 반대도 있다. 공영이라는 언론사의 경영진은 노조 눈치 보기에 정신이 없다. 무슨 노조가 그렇게 많은가? 노조가 반대하면 인사 하나 마음대로 못한다. 모두가 뒤엉켜 뒤죽박죽 이런 상태에서 언론자유가 어디서 숨을 쉬는가? 그 때문에 언론과 검찰의 개혁이 없이 정치개혁을 하겠다는 것은 최고의 사기다.

가짜 예방주사를 맞았다는 허위보도 속에서 대통령의 권위는 실종되었다. 언론과 검찰을 신뢰하는 국민이 있는가? 서글퍼서 말하기도 싫다. 이런 나라가 제대로 돌아갈 것 같은가?

# 민주당 정신 차려라

늙은 친구가 하는 충고를 들었다.

"인간의 과거는 이력서다. 지도자의 이력서는 매우 중요하다. 지금 민주당의 지도자 중에는 차마 입에 올리지 못할 과거를 가진 인물도 있다.

도덕파탄자다. 국민에게 뭐라고 할 것인가?"

무슨 말인지 안다. 나는 입을 닫았다. 인간은 열 번 변한다고 하지 않던가? 변하기를 기원한다.

지금의 민주당이 싫다. 그럼 '국민의 힘'은? 더 싫다. 왜 탈당을 안 하는가? 집이 싫다고 모두 가출하는 것은 아니다. 오늘의 민주당이 싫지만, 고향과 같다. 고생했다고 고향을 버리는가? 그래도 민주당이 제대로 될 가능성이 있기에 붙어있는 것이다.

긴말은 하고 싶지 않다. 문재인 정권과 민주당. 똑같이 불신의 수렁이다. 어쩌다가 저 지경이 되었을까? 요즘 꼴을 보면 눈물이 난다.

민주당 지도부는 오늘을 잘 살펴야 한다. 희망이 보이는가? 누구를 원망할 수도 없다. 모두가 자신들의 책임이다.

불쌍한 것은 국민뿐이다. 국민이 심판할 것이다.

# 26 세상을 제대로 보자

## – 판단 잘못하면 후회만 남는다

### # 입에 맞는 떡

젊었을 때뿐이 아니라 지금도 거울을 보면서 코가 조금만 더 오뚝하고 눈이 더 컸으면 한다. 조물주는 자기 생김새에 대해 만족할까? 인생에 만족이란 없다는 생각이다.

사람마다 지지하는 정치가가 따로 있다. '저런 사람을 지지하다니' 딱하게 여기는 국민도 있겠지만, 그 반대로 생각하는 국민도 있다. 결국은 자기가 지지하는 정치인을 위해 투표도 하고 지지운동도 한다. 의견이 다르다고 비난할 이유는 없다. 올바른 판단과 소신은 어렵지만, 매우 중요하다.

저마다 자신이 지지하는 사람을 위해 최선을 다하면 그것으로 된 것인데 사람의 심리라는 게 묘해서 자신이 반대하는 사람이 잘되는 게 영 싫다. 이해는 하지만 옳은 것이라고 할 수도 없다.

이재명을 지지하는 친구와 대화를 나눴다. 나도 이재명을 알고 나름대로 평가도 한다. 됨됨이에 관한 평가는 할 수 있지만, 무척 조심스럽다.

난 원래 지지하는 사람을 마음속에 담고 있지 못한다. 나름대로 지지하는 이유도 분명하게 밝힌다. 이낙연 의원에 대해서도 같다.

노무현 대통령의 경우도 그렇고 문재인 대통령의 경우도 그렇다. 두 분이 모두 대통령이 되었다. 사람을 보는 눈이 제대로라는 평가도 있어서 기분이 좋다. 당연히 내가 지지하는 이낙연 의원도 꿈을 이룬다면 좋겠다는 생각이다. 그러나 그것이 어디 맘대로 되는가? 최선을 다해 노력할 것이다.

# 여론조사라는 것

이낙연 전 총리에 대한 여론이 최악이어서 그의 지지자들은 코가 빠졌다.

'너무 안달하지 말게. 여론조사라는 거 믿고 안 믿고는 자네 마음이지만 그렇게 나오는 걸 어쩌겠나. 노무현 대통령은 한때 1.5% 지지 여론도 있었네.'

노무현 대통령의 경우를 예로 든 것은 이낙연 지지자들을 격려하는 의미도 있지만 역시 내 소신이다. 오다가다 말 몇 마디 나누고 한때 지지율이 높았다고 해서 이낙연 의원을 지지하는 것은 아니다. 이낙연을 내 인생에서 마지막으로 도와야 할 정치인이라고 생각하기 때문이다.

완전무결할 사람이 어디 있으랴. 여러 사람들이 이낙연 의원의 부족한 점을 지적하고 음해 모략도 많이 하지만, 한국 정치에서 그건 운명이라 생각한다. 구체적인 사례는 말할 필요가 없을 것이다. 단지 모략은 우리가 살아야 할 이 땅에서 사라져야 할 일이기에 신중해 주기를 바란다.

# 노무현 탄핵 반대한 유일한 민주당의원

개미가 지나간 흔적도 남는다고 하니 사람도 당연히 지나간 흔적이 남는다. 지나간 흔적은 마치 이력서와 같다.

이낙연 의원을 지지하기 이전에 많이 검토했다. 성장 과정은 잘 몰랐지만 기자 생활과 정치생활은 비교적 공개된 것이기에 쉽게 접근할 수 있었고 정치생활도 비교적 상세하게 알 수 있었다. 특히 노무현 대통령이 부당한 탄핵을 당할 때 민주당에서 탄핵에 반대한 유일한 의원이 이낙연 의원이다. 이것이 바로 소신이다. 지금처럼 소신이 필요한 때가 어디 있는가?

결론을 내렸다. 얼마 남지 않은 수명은 이낙연을 위해 기꺼이 던지겠다고 결심했다. 행위의 선악은 결과가 결정한다지만 좋은 결과가 오기를 간절하게 바란다.

여기서 꼭 한 가지 짚고 넘어갈 문제가 있다. 공정한 비판이다. 이낙연을 비판하는 많은 인터넷 일꾼들이 이재명 지사를 위해 일한다는 것을 알고 있다. 충성은 좋지만, 정도를 걷기 바란다. 정도를 벗어나지 않기를 바란다. 과유불급을 잊지 말아야 하고 이는 이낙연 지지자들에게도 똑같이 적용된다.

문재인 정부의 여러 가지 오류와 잘못이 있지만, 정권이 '국민의힘'으로 넘어가는 불행만은 없어야 한다는 것이 나의 신념이다. 국민의힘이 개과천선을 하고 정도를 걷는 정치세력으로 바뀐다면 그때는 문제가 다르다.

# 윤호중 원내대표

민주당의 원내대표에 윤호중 의원이 선출됐다. 원내대표라는 것이 얼마나 중요한 것인지는 국회의원들은 잘 알 것이다. 난 학교 때 반장도 했고 운동선수 시절에는 주장도 했다. 대표라는 것은 말 그대로 조직의 대표다.

"야당과 대화와 협력을 통해 협력 국회를 만들어나가는 데 노력하겠다."

"야당이 요구하는 상임위원장 배분은 이미 작년에 원 구성 협상이 마무리됐고, 본회의에서 상임위원장 선출이 모두 이뤄졌다. 더 이상 그 문제로 여야 관계가 파행될 이유가 없다."

윤호중 대표는 '조국 사태'를 '검찰총장이 대통령의 인사에 개입한 부적절한 사건'이고, '이미 총선에서 심판받은 사안'이라고 선을 그은 바 있다.

# 선택은 국민이 한다

군사정권 시절 군에서 투표할 때 선임하사가 인상 팍 쓰고 앉아있으면 정권이 원하는 후보를 찍었다. 이제는 어림도 없는 일이다. 그러나 또 다른 불의가 있다. 언론의 횡포다. 더 이상 설명이 필요 없을 것이다.

기레기란 치욕적인 이름으로 불리는 언론이 있다. 그들 자신도 잘 알 것이다. 간절한 마음으로 빌건대 공정한 보도를 해 달라. 자신들도 부끄러워 명함을 내놓을 수 없는 정도가 되었다는 것을 잘 알 것이다.

정권의 권력보다도 더 강한 언론이라는 자부심 이전에 자신들이 나라를 바로 세우고 이 땅에 정의가 강물처럼 흐르는 사람 사는 세상을 만들고 있다고 자부하기 바란다.

# 27 개들아, 미안하고 부럽구나

## – 인간 부러워하지 마라

〈아내여 미안하다〉 이런 제목의 연속극이 있었다. 내용이야 해당하는 사내들이 많아서 줄이기로 하고 나는 개들에게 미안하다는 말을 하고 싶다.

〈동물농장〉과 〈동물의 세계〉 등은 즐겨보는 TV프로인데 재미도 있고 배울 점도 많다. TV를 보면서 문득 생각나는 친구가 있다. 이미 세상은 떠났지만, 지금과는 비교도 안 되던 암흑의 시절 그 친구가 입에 달고 다닌 말은 '개자식'과 '개새X'였다. 어느 시절에나 보통 의미의 '개새X'는 있었다. 지금 이 친구가 살아 있다면 역시 '개새X'는 단골메뉴가 되고 있을 것이다.

인간이 개의 소리를 들을 수 있다면 무섭게 항의하는 개소리를 들을 것이다.

"우리가 무슨 잘못을 그렇게 했길래 말끝마다 개새X입니까. 국회 구경이나 하고 하는 말인가요?"

할 말이 없다. 지금 자신이 기르던 애완견이 죽는다면 함께 죽겠다고 하는 사람도 있을 것이다. 개를 죽도록 사랑하고 기르는 인간이 얼마나 되는지 알 수는 없어도 말끝마다 '개새X'를 붙이는 것은 이율배반이 될 것이다.

옛날에 할머니들이 귀여운 손주들을 내 새끼, 우리 새끼 하던 것이나 지금도 귀여운 손주는 우리 강아지라고 부른다. 같은 의미일까? 그러나 정말 '개새X'라고 욕을 하는 국민의 생각과 같은 진짜 개새X들은 세상에는 널려 있다. 개들도 그렇게 알고 양해를 해주길 바란다.

# 좋은 놈이냐? 못된 몸이냐

제 눈에 안경이라고 한다. 유식하게 말하면 가치판단의 기준은 자기라는 것이다. 자기 눈에 그렇게 보이는 거야 도리가 없지 않은가? 문제는 결과가 결정하는데 결과가 아무리 나쁘다 해도 좋은 인간인 경우가 있고 그와 반대인 경우도 있다. 이런 걸 팔자타령이라 하고 운명이라 하는가?

어쩌다가(운명적일지도) 정치에 발을 담그고 헤어 나오지 못하는 나를 보며 한탄을 한다. 매사에 얼렁뚱땅 넘어가는 성질이 아니라서 때로는 몹시 화도 나고 피곤도 하다. 그렇다고 그냥 주저앉지도 못한다.

내 눈에 사람 같은 인간이 몇이나 보이는가 손꼽아 보니 열 손가락이 많이 남는다. 인물이 없어서인가? 눈이 높아서인가? 물론 독선일 수도 있다.

# 눈을 높이 뜨고 멀리 보자

경험은 스승이란 말을 많이 한다. 내가 존경하는 선배들이 살아온 과거를 보면 정말 배울 것이 많다. 문단 얘기야 별로 관심이 없겠지만, 정치평론 하는 선배들도 훌륭한 분들이 많았다. 지금도 그렇게 생각하는가? 요즘 정치평론가라고 하는 분들에게 물어봤다. 대답을 피했다.

흔히들 개가 부끄럽다는 소리를 많이 한다. 출근길에 애완견을 데리고 산책하는 여인들을 본다. 개들도 생리 현상은 도리가 없다. 개가 일을 보면서 주인을 물끄러미 쳐다본다. 일을 본 후 개 주인은 휴지로 깨끗이 치운다. 나와 눈이 마주친 개는 꽁지를 살랑거리며 산책을 계속한다. 평화스러운 모습이다.

# 내 가슴속 울리는 소리, '멍멍아 네가 부럽구나'

세상일이 어찌 내 맘대로 될 수가 있으랴. 이런 일도 있고 저런 일도 있다.

"이런들 어떠하며 저런들 어떠하리. // 만수산 드렁칡이 얽혀진들 그 어떠하리. // 우리도 이같이 얽혀져 백 년까지 누리리라."

이방원의 「하여가」다. 내용만 보면 참으로 속 편하다. 그러나 이방원도 「하여가」를 쓸 때 심정은 몹시도 괴로웠을 것이다.

요즘 속 편한 국민이나 정치가가 얼마나 될까. TV를 시청하는 국민들은 몹시 고통스러울 것이다. 정치가도 마찬가지다. 난 정치가 잘되면 국민들 마음이 편할 것이라는 생각을 지닌 사람이다.

이럴 때 꼬리를 살랑이며 주인에 이끌려(안내) 산책을 하는 이웃집 멍멍이가 부러운 생각이다. 이런 나 역시 정상이 아니다.

# 28 전두환이 그리운가

## – 맨정신으로도 살고 싶다

정신이 이상해졌다는 소리를 들을 것 같다. 전두환이 그립다니 그게 온전한 정신 가지고 할 수 있는 소린가. 요즘 세상에 멀쩡한 정신 가지고 살면 그게 이상한 것이 아니냐고 하는 사람도 있다. 그래도 전두환이 그립다면 너무 심한 것이 아닌가?

도대체 대통령은 뭘 하고 있는가? 이른바 개혁을 학수고대하는 사람들이 두 손 모아 비는 소리다. 국민들이 '검찰개혁' '언론개혁'을 노래하고 있는데 대통령이 뭘 하고 있느냐는 것이다. 아니 대통령이 그런 거 하는 사람이냐고 하는 국민이 있겠지만 하도 답답하니까 하는 소리일 것이다.

전두환 같으면 단 한 방에 끝냈을 것이라는 국민의 원망은 급기야 문재인 대통령에까지 비화했다고 생각한다. 나 같은 골수 문재인 지지자가 대통령을 원망한다면 보통 일이 아니다. 대통령이 마음만 먹으면 저 정도쯤은 해결할 수 있다고 믿고 있을 것이다. 그러나 아니다. 대통령이 뚝딱 해결할 수 있는 게 아닌데도, 국민들이나 내가 대통령 원망하면 틀린 것이란 말인가? 머리가 어지럽다.

# 나라야 어떻게 돌아가던

개가 짖어도 달은 간다는 비유를 즐겨 쓴다. 하루가 멀다고 밤새다시피 쓰는 글도 이게 무슨 소용이냐면서 안 쓰고 못 견디는 것은 자학인지도 모르지만, 도둑이 도둑 욕하는 것이나 다름이 없을 것이다.

정치평론가가 아니더라도 흐름을 쫓다 보면 대충 짐작은 간다. 또 언론 탓 검찰 탓이냐고 비난하는 사람이 있을지 모르지만 내 주장을 접을 생각은 추호도 없다. 검찰과 언론에서도 개혁해야 한다는 사람들은 너무나 많다. 도둑도 도둑질이 나쁘다는 것은 안다. 한겨레 같은 정론지를 국민모금으로 다시 만들자는 의견이 있다. 얼마나 하늘이 무너지는 비보인가?

지금 20·30 세대가 정권에 등을 돌렸다고 좋아하는 쪽과 탄식하는 쪽이 갈린다. 그들이 등을 돌린 이유를 모르는가? 철석같이 믿던 연인이 배신하면 더욱 미워지는 것이다. 180석을 몰아주고 이제 세상이 좀 달라질 것이라고 잔뜩 기대했는데 기대가 탄식과 환멸로 변했으니 어찌 등을 돌리지 않을 수 있겠는가? 거기에다 언론과 검찰이 손을 잡고 부채질을 한다. 누구 책임인가? 개혁을 외면한 민주당이 질 수밖에 없는데 싹수가 노랗다. 결국, 대통령에게 원망이 돌아가고 지난 보선에서 쫄딱 망한 거다.

대통령을 원망하고 선거에서 국민의힘을 밀어줬다고 국민의힘이 세상을 바꿀 자세가 되어 있는가? 긴말 할 것 없다. 국민의힘에 묻자. 그 당이 무슨 개혁을 할 수 있는가? 긴소리 하면 개소리다. 결국은 대통령에게 원망이 돌아가는 그런 세상이 됐다. 착한 문재인 대통령이 불쌍하다.

### # 김오수 검찰총장님께

신임 김오수 검찰총장과는 일면식도 없습니다. 검찰과는 별로 인연이 없다 보니 더욱 그렇습니다. 그러나 듣는 귀는 있습니다. 총장 지명 관련해서 여러 보도가 있었고 보도에는 흐름이 있었습니다. 저는 그 흐름 속에서 큰 줄기를 보았습니다. 김오수 총장이 후보 중 가장 적격에 근접해 있다는 사실입니다.

저는 아직 귀도 밝고 눈도 밝다고 자부하고 자기도취인지는 몰라도 남들도 인정해 준다고 믿고 있습니다.

김오수 총장님. 검찰개혁에 대해서 여기서 중언부언하는 것은 총장님의 총명을 훼손시키는 것 같아서 미안합니다. 그러나 제게 사심이 없다는 것만은 아셨으면 합니다. 검찰 이기주의를 모르는 사람이 어디 있겠습니까. 검찰 안에서도 인정한다고 믿습니다. 무척 어려운 일이지만 총장님이 완벽하지는 않더라도 이기주의를 좀 버리도록 해 주십시오.

많은 검사가 맡은 일을 열심히 한다고 알고 있습니다. 일부 출세지향적인 정치검사들이 국민의 지탄을 받고 있습니다. 그들 때문에 좋은 검사들이 부끄러움을 느끼고 있습니다. 결심하신다면 깨트릴 수 있는 벽입니다. 말씀 줄입니다.

간절한 소망을 담아 김오수 총장에게 글을 올렸다. 그러나 자신은 없다. 왜 글을 올렸는가? 비원이다. 정화수 떠놓고 비는 심정이다.

전두환이 그립다는 미친 소리를 해야 하는 오늘의 현실은 결국 국민의 책임이다. 전두환이 그립다는 소리는 취소한다.

# 29 권력은 쥐고 있을 때 잘 써라

## – 잃고 나면 허망한 것

고등학교 때 반장선거. 또 내가 반장이 되었다. 성적도 별로고 잘하는 것은 글 쓰는 것과 운동, 노래 그리고 주먹 좀 쓴다는 평가(미확인) 정도다. 애들에게 물었다. 왜 맨날 반장으로 뽑느냐?

"언제든지 넌 힘없는 애들 편이었다."

힘 좀 세다고 힘없는 애들 괴롭히는 애들을 그냥 보지 못했다. 그게 애들에겐 무척 좋았나 보다. 그래. 약한 사람 돕는 것은 좋은 일이지. 노무현 대통령도 부림사건의 진상을 알고 난 후 인권변호사로 확실하게 변신했다.

### # 힘없는 국민이 불쌍하지 않으냐

내가 노무현 대통령을 좋아하는 이유 중에 가장 큰 것은 그분은 항상 약한 사람 편이었다는 것이다. 처음 후원회장을 할 때는 그저 좋은 정치인으로 생각했다. 저렇게 좋은 사람이 정치해야 한다는 생각에 기꺼이 그를 돕기로 결심한 것이다.

노 의원의 철학과 행동을 알게 되면서 그가 얼마나 힘없고 권세 없는 서민들을 위하여 헌신하는가를 절감했고 지도자의 참모습을 보게 됐다. 노동자들의 투쟁현장을 직접 찾아가 두 눈으로 생생한 실정을 목격하고 기업을 질타했다. 현대의 정주영 회장이 노무현 의원에게 혼이 나며 진땀을 빼던 모습이 지금도 눈에 선하다. 전두환과 장세동도 예외는 아니었다.

박정희, 전두환 일당에게 지금 권력을 안겨 준다면 뭐라고 할까? 머리를 흔들며 싫다고 하지 않을까? 권력이란 허망한 것이다. 죽으면 한 평도 안 되는 땅에 묻힌다. 아니 한 줌 재가 되어 뿌려진다. 권력이 무엇이냐? 그냥 주머니에 넣고 다니는 휴지 같은 것이다. 코 풀어 아무 데나 버리면 주워가지도 않는다.

#### # 권력은 보람있게 써라

골프장에서 골프 치다가 벼락 맞아 죽은 전직 국회의원도 있다. 혁명주체로 하늘이 낮다고 기고만장하던 5·16 주체 장군은 낚시하다가 실종되어 시체도 못 찾았다. 죽는다는 것은 그런 것이다.

권력도 같다. 아무리 권력이 좋다고 해도 옆에 끼고 무덤에 갈 수 없다. 가져가면 뭘 하는가? 개도 안 물어가는 권력이다. 그러나 권력은 필요한 것이다. 귀하게 쓰면 값진 것이다. 오래전 삼양동 언덕배기에 살 때 쓰레기 동산이 옆에 있었다. 아무리 치워 달라고 애걸을 해도 소귀에 경 읽기다. 마침 기관(?)에 다니는 친척이 왔다. 사정 얘기를 듣고 바로 전화를 한다. 그다음은 얘기할 필요도 없다. 이럴 때 권력은 제대로 행사

되는 것이다. 비록 방법은 옳지 않다고 해도 말이다.

입만 열면 침이 마르도록 강조하는 언론과 검찰개혁, 그들의 전횡을 질타하는 국민의 원성이 하늘을 찌른다. 그런데 당사자들은 어느 개가 짖느냐다. 권력을 포기하면 엄청난 손해를 본다고 믿고 사실이 그렇다.

그렇게 국민이 원하는데도 눈 감고 귀 닫고 있다. 이건 반드시 바로잡아야 한다. 대통령의 지지도가 하루가 다르게 추락하고 있다. 민주당의 지지도와 앞서거니 뒤서거니 경쟁이다. 이유를 모르는가? 국민은 개혁을 원한다.

지난 선거 때 국민은 민주당에 180석이란 절대 의석을 보장해 주었다. 이유가 뭔지 까먹었는가? 개혁하라는 것이다. 정치 좀 잘하라는 것이다. 입 두었다가 뭘 하는가? 변명할 거 있는가? 말해 보라. 개혁했는가? 정치 잘했는가?

잔뜩 기대하고 표를 몰아줬더니 하는 짓이 영 개차반이다. 이런 민주당을 보고 욕을 안 한다면 국민 될 자격도 없다. 욕하는 것이 지극히 당연하다. 욕은 채찍이다. 채찍 맞고 정신 못 차리면 영영 버림받는다. 정권상실이다.

후배들이 걱정한다. 그렇게 욕을 하다가 다치는 거 아니냐고 말이다. 겁날 거 하나도 없다. 내 욕심 차려서 글 쓴 거 하나도 없다. 개인감정으로 정치 욕한 거 없다. 남이야 뭐라고 하던 내 가슴은 어떻게 해서든지 이 나라가 제대로 굴러가는 것을 보고 싶은 심정으로 꽉 차 있다.

이낙연 대표의 지지율이 떨어진 출발은 이명박, 박근혜 '사면론'이다.

국민의 생각과 달랐다. 지금도 안타깝고 나의 책임도 통감한다. 그러나 이제는 아니다. 국민도 냉정해지기를 바란다. 인간은 전능한 존재가 아니다. 실수한다. 어떻게 고치느냐가 문제다. 이낙연을 지켜보라. 놀랍게 변할 것이다.

# 죽을 날도 가깝다

자신이 지지하는 정치인이나 정당이 잘하면 그보다 기분 좋은 일이 없다. 죽을 쑤면 참담하다.

냉정하게 비교해야 한다. 길고 짧은 것은 대봐야 안다지만 꼭 그런 것은 아니다. 척 보면 안다. 내 경우, 사람을 보고 판단하면 틀린 경우가 별로 없다. 그 부분에선 자신 있다. 내가 고등학교 때 번번이 반장에 당선된 것도 반 애들이 날 평가해 준 덕이다.

지금도 날 욕하는 자들이 많지만 그런 인간들의 욕은 먹을수록 자랑으로 여긴다. 이낙연을 두고 토론을 해도 날 이기지 못한다. 왜냐면 내게는 사심이 없기 때문이다.

이제 민주당은 송영길 대표 체제로 새 출발을 했다. 비장한 각오를 했을 것이다. 대통령과 청와대, 그리고 김부겸 신임총리, 모두 비장한 각오로 출발하자. 나한테 욕먹지 않으면 잘하는 정부고 잘하는 정치고 잘하는 정치인이라고 자부한다.

권력은 잃으면 허망한 것이다. 좋은 권력 가졌을 때 좋은 일 많이 해야 한다.

# III

# 30 기억할 것을 잊으면 죄악이다

## – 안민석과 김의겸, 김어준

그 옛날 판관 포청천을 애청했던 국민이 꽤 많은 것으로 알고 있다. 날이 시퍼런 작두 아래에 목을 두고 포청천의 말 한마디로 목이 떨어지는 영화 '판관 포청천'은 솔직히 끔찍하다. 포청천이란 이름만 들어도 고개를 돌리는 자들이 탐관오리라면 잘못 생각한 것일까?

목이 떨어질 때 체증이 가시는 통쾌함을 느끼는 사람들은 누구일까? 권력 없고 돈 없어 고통받는 약자들이다.

### # 잊는 것만이 능사가 아니다

1975년 4월 9일 박정희 시절, 대법원에서 인혁당 관련하여 지은 죄도 없이 사형 확정판결을 받고 18시간 만에 교수대에 오른 8명의 사건은 세계 사법사에 오욕으로 기록되어 있다. 그들에게 사형을 언도한 재판관들은 지금 살아 있는가? 살았으면 공정한 재판을 했다고 기억하는가?

부끄러움은 잊는 것이 능사가 아니고 기억해야 한다. 우리는 수치를 얼마나 기억하고 있을까? 아마 빨리 잊는 것을 자랑으로 알고 있을지도 모른다.

# 한국의 언론 신뢰도

부끄러움을 하나 기억하자. 전 세계에서 소위 선진국이라고 하는 국가의 언론 신뢰도를 수치로 표시하고 있다. 대한민국은 몇 등이나 될까. 부끄럽지만 꼴등으로 발표됐다. 그것도 몇 년째 제자리걸음이다.

군사독재 시절처럼 잡아다가 주리를 틀거나 공갈 협박을 한다면 언론 자유는 꿈도 못 꿀 것이라고 할 것이나 지금 그런 시절이라고 생각하는 국민과 언론인은 아무도 없다. 이유가 무엇인가? 여기서 이유를 밝힌다고 창피가 사라지는 것이 아니다.

조·중·동을 비롯한 이른바 기레기 언론은 이제 불공정보도에 중독됐다. 기가 막힌 일이지만 현실이니 어쩌랴.

기자들과 대화를 하면서 한국 언론의 신뢰도를 말하면 그들 자신도 창피하다고 인정한다. 그나마 다행이라고 할까. 그러나 인정하면 뭘 하나. 그들 역시 공범이다. 알면서 도둑질을 하는 셈이다. 그나마 한겨레가 그래도 좀 나은 거 같더니 쓰레기통 속에서 깨끗하게 살 도리가 없는 모양이다. 요즘 김이택 대기자는 왜 글을 안 쓰나. 사정이 있겠지만, 속이 상한다.

# 안민석, 김의겸, 박근혜, 최순실, 김어준

안민석 김의겸 의원에게 더없이 고마움을 느끼는 것은 만약 그들이 아니었으면 박근혜와 최순실의 비리는 영원히 지하에 묻혔을 것이기 때문이다. 김어준의 방송이 아니었으면 이 같은 사실을 누가 세상에 알렸을 것인가?

이들이 원수처럼 미운 인간도 있을 것이다. 사실 김어준의 아침 방송을 들으며 치를 떨었다. 박근혜, 최순실에 대한 분노도 컸지만 고군분투하는 김어준에 대한 연민도 분노를 키우는 원인이었다. 기자들은 뭘 하고 있었는가?

안민석 의원과 김의겸 기자(당시 한겨레 기자 현재 열린우리당의원)의 목숨을 건 활동이 없었으면 역시 천벌을 받을 그들의 죄는 국민을 비켜갔을 것이다. 기억해야 할 일을 잊는 국민들은 상응하는 대가를 치러야 한다.

# 지난 보선에서 누가 당선되었는가?

나는 상식을 가치판단의 기준으로 삼는 사람이다. 오세훈과 박형준의 당선을 보면서 선거라는 제도가 정말 국민을 미치게 한다고 생각했다. 이들은 문재인 대통령과 오찬을 함께하며 대통령에게 이명박 박근혜의 사면을 요구했다고 한다. 그들의 뻔뻔함을 보면서 정신이 멀쩡한 것도 인간 학대라는 생각이 들었다.

그래도 그렇지, 지금 세상을 보면서 이런 게 정상적인 세상이라고 여기는 국민들이 몇이나 되겠는가? 그들의 잘못이 아니라 알고도 침묵하는 언론의 죄다.

김의겸 의원은 언론개혁을 위해 노력을 하겠다고 했다. 나는 그를 믿는다. 지금 국회에 언론계 출신 의원들이 얼마나 많은가? 헤아릴 수 없이 많다. 정의구현을 사명으로 아는 기자 출신들이 한 일이 무엇인가? 묻고 싶다.

제발 부탁한다. 그들이 마음만 먹으면 언론개혁은 반드시 성공한다. 잊지 말아야 할 것을 잊는 것은 죄다. 그런 죄를 범하지 말기를 바란다. 훌륭한 기자 출신 의원들이 많다. 대변인들은 거의 기자 출신이다.

# 좋은 세상을 후손에게 물려주자

살날도 얼마 남지 않았다. 이런 놈의 세상 오래 살아 본들 뭘 하겠느냐는 자포자기는 새삼스러운 것도 아니지만, 요즘 들어 좋아질 가망이 없는 세상을 보면서 마음은 더욱 무겁다.

어지간한 도둑은 저리 가라 할 정도로 죄를 저지르는 탐욕의 화신 같은 고위공직자를 보면서 과연 이 나라의 희망이 있는지 절망하게 된다.

잊지 말자. 억지로라도 기억을 하자. 포청천의 개 작두에 목이 떨어지는 야만의 처형을 보면서 통쾌감을 느끼는 세상을 추방하자. 그러기 위해서는 우리가 겪은 부끄러운 세상을 기억해야 한다. 수치를 잊는 건 결코 자랑이 아니다.

# 31 포청천이 그립다

## – 부당이익 몰수, 소급법 적용

술을 끊었다는 소문이 들렸다. 밥보다 술을 좋아한 친구였고 오늘은 누구한테 술을 얻어먹나 연구하는 친구였다. 그런 친구가 술을 끊다니 큰 뉴스다. 모두 믿질 않는다. 술 중독자의 금주는 대표적인 거짓말 중에 하나다.

"술을 끊어? 개가 똥을 안 먹는다고 해라? 흐흐."

한데 그의 금주가 사실로 알려지기 시작했다. 친구들 사이에선 큰 뉴스였다. 그런데 20년이 지났는데도 술 끊은 사실을 믿지 못하는 친구들이 있다. 이토록 신뢰란 한 번 무너지면 회복이 어렵고 거짓말의 회복은 거의 불가능이다. 지금 정치에 대한 불신이 바로 그렇다.

### # 정치인의 거짓말

세상 살다 보면 거짓말과 인연을 완전히 끊기는 어려울 것이다. 꼭 하려고 해서가 아니라 부득이하게 거짓말을 하게 된다. 거짓말을 가장 많이 하는 직업이 뭐냐고 묻는다면 어떤 대답이 나올까. 당연히 사기꾼이라는 말이 나오겠지만, 사기꾼이란 직업은 따로 없다.

다음으로 국민이 떠올리는 것이 정치인이라고 하면 뭐라고 할까. 정치인들은 펄펄 뛰겠지만 국민들은 고개를 끄덕일 것이다.

요즘 국민들은 참으로 답답할 것이다. 보궐선거에 출마한 후보자들이 마치 거짓말 대회에 출전한 선수들처럼 보인다. 특히 서울과 부산시장 출마자들이 대표적이다. 여기서 그들의 거짓말을 일일이 지적하기에는 한계가 있다. 다만 국민의 상식에 맡겨야 할 것이다.

# 포청천은 없는가?

포청천이라는 중국의 드라마를 시청한 국민이 많을 것이다. 난 애청자였다. 우리 정치인들은 어떨까? 포청천 하면 우선 자기 목부터 만져볼 것이다.

'작두' 밑으로 떨어지는 죄수의 머리. 여기서 말하려는 건 드라마의 품질이 아니라 '포청천'이 인기를 끌었던 이유이다. 왜 포청천이 우리나라 외화 시청률에서 상위를 차지했을까? 정치인이 잘 알 것이다.

우리 정치인들을 놓고 포청천이 판결을 내린다면 얼마나 많은 목이 떨어져 나갈까. 입후보자들의 머리를 온전하게 부지할까. '포청천'에서도 수많은 증인과 악당들이 등장한다. 물론 드라마니까 그렇다고 하지만 악당들은 여지없이 처단된다.

부동산투기로 매일 언론에 이름이 오르고 있는 후보들은 '포청천'을 시청하지 않을 것이라고 믿는다. 왜냐면 그들에게 물어보라.

지금 서울시장 후보와 부산시장 후보의 치열한 선거전이 전개되고 국민들은 어느 후보가 더 적임인지 많이 생각했을 것이다. 기가 막힌다. 아무리 선거에는 부모도 없다지만 넘지 말아야 할 선은 있다.

국민이 선출한 대통령을 중증 치매 환자라는 오세훈 후보. 그는 광화문광장에서 단상에 올라 전광훈이라는 목사와 함께 국민들에게 '문재인 대통령은 중증 치매 환자'라고 선언했다. 정신질환자라도 하지 못할 말을 거리낌없이 하는 오세훈이 서울시장 후보로 출마한 것이다. 박형준 부산시장 후보는 무슨 말을 자신이 했는지조차 분간을 못 할 정도로 거짓말을 한다. 이들을 어쩌란 말인가? '포청천'이 그리운 이유다.

# 부당이득은 환수해라, 소급입법을 만들어 처벌하라

땅 투기로 부당이득을 취한 공직자들을 어떻게 해야 하는가? 당연히 엄단해야 한다. 법으로 처단하는 것이다. 한데 소급입법이라는 벽이 가로막고 있다. 어떻게 뚫고 나갈 것인가? 벽을 무너트려야 한다.

이낙연 의원이 선언했다. 반드시 뚫는다. 뚫지 못한다면 선거를 포기해야 한다. 무슨 낯으로 표를 달라고 하겠는가?

나는 믿는다. 반드시 해낼 것이다. 민주당의원들은 그런 장애가 있는 줄을 몰랐는가? 장애가 있으니 이해를 부탁한다면 '아이고 가엾어라' 어깨라도 두들기며 위로해줄 줄 알고 있는가? 어림없다. 이런 바보 같은 정권과 지도자들을 지지해줄 어떤 이유도 국민에겐 없다. 갈아치워야 할 의무만이 있는 것이다.

국민은 민주당에게 신세진 거 없다. 오히려 과반의석을 몰아주고 제발 정치 좀 잘해 달라고 빌었는데 돌아온 것은 개떡 같은 정치다.

오세훈에게 '중증 치매 환자'라는 악담을 들은 문재인 대통령이 비상회의를 주재한다고 했다. 대통령 역시 속이 끓을 것이다. 화날 때뿐인가?

흔히 마지막 카드라고 한다. 그렇다. 마지막 카드라고 할 수 있다. 그러나 아니다. 살아남은 국민들은 어쩌느냐? 자신들의 잘못된 정치로 국민을 고통으로 몰아넣고 마지막 카드라는 뻔뻔한 소리가 나오는가?

눈물을 흘리며 밤을 새워 글을 쓴다. 제발 좀 달라지라고 빌면서 쓴다.

생리적 수명으로 숨은 거두겠지만 이대로라면 죽어도 눈을 못 감는다.

'포청천'이 그립다. 포청천은 어디 갔는가?

# 32 씻을 수 없는 언론의 죄

## – 어떤 '기레기'의 고백

왜 무슨 일만 터지면 언론 탓을 하느냐고 항의하는 후배가 있다. 내가 가장 비판을 많이 하는 게 언론이다. 비판받아 당연하다는 생각이다. 그것은 내가 체험한 언론생활의 경험이 뿌리다.

고백이란 어려운 것이다. 첫사랑의 고백을 할 때도 얼마나 가슴이 떨렸는가? 고백하고 난 다음에는 후련하다. 쫓겨 다니던 현상수배범이 체포되어 모든 것을 털어놓은 다음 후련했던 속을 고백했다. 이해가 간다.

'기레기'란 불멸(?)의 고유명사가 없었던 박정희 전두환 시절에도 동아나 경향을 제외하고는 썩은 기자(기레기)들이 널려 있었다. 기레기들이 날아다니며 모아 만든 기사라는 것들은 국민들의 판단력을 파괴했다. 그중에 끼지 못하면 먹고살지 못하는 절박감과 혹은 썩은 기자로 권력 근처를 맴돌다가 감투하나 얻어걸리면 살판난다. 나도 그랬다. 지금 그때 내가 쓴 글들이 생각나서 부끄러움에 얼굴을 못 들지만, 지금은 편하다.

# 불멸의 양심

악마가 신을 찾아가 부탁을 한다.

"신이여. 내가 양심 때문에 많은 고통을 당하고 있다. 당신이 나의 양심을 없애주기만 한다면 당신이 원하는 무엇이든지 하겠다."

"악마야. 내가 만능의 신이라 할지라도 '양심'만은 도리가 없단다."

어렸을 때 어머니 주머니에서 동전 몇 개 몰래 꺼내 껌을 사 먹은 기억이 지금도 지워지지 않는다. 기사 좋게 써 주고 촌지받아 술 마시면서 호기 부리던 기억이 지금도 악몽으로 남아 있다.

"너희가 쓴 기사 한 줄이 인간의 양심을 어떻게 파괴하고 있는지 아느냐?"

"왜 모르겠습니까. 기레기도 사람입니다. 까짓거 나만 그런 거 아니고 다 그런 판이다 생각하면 속 편하지만 내가 쓴 기사는 지워 지지가 않습니다. 원망스럽습니다."

그게 바로 양심이란 것이다. 도둑질한 도둑의 가슴속 한구석에 좁쌀만큼 남아 있는 작은 존재가 바로 양심이다. 아무리 밟아 없애려고 해도 사라지지 않는다. 신은 형벌로서 양심을 가슴속에 남겨놓은 것이다.

# 선거란 양심과 악마의 싸움

자유당 독재 시절, 선거는 국민의 양심과 독재자의 싸움이었다. 몽둥이와 술과 돈이 난무한 선거판에서 승리한 후보는 '양심'의 승리자였다. 이번 보궐선거에서 한국의 언론은 공정한 보도를 했는가? 기레기의 가슴 한구석에 쪼그리고 있을 양심에게 묻는다. 공정한 언론이었느냐?

기레기 언론이라고 하는 권력의 비호를 받는 후보가 어떤 특혜를 받았는가? 기레기들은 잘 알 것이다. 기레기들이 저지른 죄악은 사라지지 않는다. 기레기가 죽어 없어져도, 죄는 남는다.

나의 과거가 고스란히 남아 수십 년이 지난 오늘에도 나를 괴롭히듯 오늘의 기레기들도 늙어 죽을 때까지 양심이 고통을 느끼며 살아야 할 것이다. 이것이 얼마나 무서운 형벌이냐?

내가 어떤 변명을 해도 나의 기레기 죄악은 사라지지 않는다. 오늘의 기레기들도 같다. 사라져야 한다. 과거 자랑스러운 기자로 가슴을 펴고 살았던 동아일보가 이제 조선과 더불어 기레기의 본산으로 비난을 받는 현실에 할 말이 있을 것이다. 그러나 할 말은 공허하다. 바뀌지 않으면 아무 소용이 없다.

# 청와대와 민주당은 모양으로 있는 것이냐

청와대는 최고의 권력기관이다. 참모들은 액세서리로 앉아있는 것이 아니다. 대통령 보좌라는 할 일을 해야 하고 잘못하면 떠나야 한다. 장관도 같다. 대통령은 최고의 권력자이자 정치의 최종 책임을 진다.

이제 바뀌야 한다는 여론이 높다. 국민비판의 단초를 제공한 것도 청와대 정책실장이다. 마치 약속이라도 한 듯 악수를 거듭한 민주당 정권. 확 바뀌야 한다. 대통령이 하는 것이다.

이번 선거의 패배는 정부와 민주당의 자살행위였다. 야당이 아무리

득표를 많이 했다 해도 그들이 훌륭해서 표를 줬다는 유권자는 드물다. 여당인 민주당과 권력에 빌붙어 정보를 독점하고 땅 투기로 억만금을 챙긴 자들에 대한 분노가 민주당을 쪽박 차게 만들었다. 이럴 때 쓰는 말이 자업자득이다. 이제 58명이나 된다는 민주당의 초선의원들이 게거품을 물고 떠들어도 국민들의 귀에는 어느 개가 짖느냐다. 얼마나 더 짖을지 지켜보자.

초선들은 왜 좀 일찍 입을 못 열었는가? 이제 힘 바빠졌으니 만만한가? 노무현 의원이 3당 합당 회의장에서 손 번쩍 들고 '이의 있습니다' 소리치던 모습을 보았을 것이다. 초선들이 일찍이 목소리를 냈다면 당이 이 꼴이 되었겠는가? 만만한 게 조국이냐?

# 대통령 선거 희망 없다

이대로 가면 2022년 선거에는 희망이 없다. 어쩔 것이냐? 썩은 야당에게 정권 넘겨주고 뭘 할 것이냐? 아직 시간은 있다. 국민이 만들어 준 180석이 있다. 법 만들 손은 있지 않은가? 만들어라. 검찰 개혁해라. 정권 넘어가면 어차피 다 털린다. 가만둘 것 같으냐? 대통령도 편하게 살 것 같으냐? 어림없다.

언론이라고 법을 넘어서 살 수는 없다. 공정한 언론 없이 바른 정치는 존재하지 않는다. 기레기란 말을 듣지 않는 세상이 되어야 사람 사는 세상이 된다. 공정한 법치 아래서 사람답게 살아 보자. 언론을 믿고 정치 걱정 안 하는 세상에서 살고 싶다.

# 33 누가 똥볼 찼느냐? 모두 찼다

## – 다시 똥볼 차면 역적

결승전이다. 승리하면 우승, 영광의 우승컵을 들고 귀환이다. 혼전이다. 마지막 수비, 내가 뚫리면 골 먹는다. 회심의 백패스, 순간 환호성, 상대 진영이다. 자살골이다. 역적(?)이 됐다.

농구 국제전 결승. 마지막 자유투. 성공하면 우승이다. 슛 노골이다. 우승은 비행기 타고 떠났다. 그 선수의 이름은 밝히지 않는다. 그날 밤. 선수의 집 담장 너머로 바위(돌멩이)가 날아들었다. 용납되지 않는 실수다.

### # 맞아도 싸다

축구선수도 했고 럭비선수도 했다. 멋진 슛을 날려 골을 성공시키고 승리의 주인공이 된 다음 날 학교에 가면 운동장이 너무 좁다. 어깨가 운동장을 꽉 채운다. 선배는 어깨를 두드려 주고 후배의 눈은 선망으로 가득하다.

실수로 패한 경기 다음 날, 운동장은 왜 이리도 넓은가? 운동장 전부가 쥐구멍이었으면 좋겠다. 승리와 패배는 종이 한 장 차이라 해도 느낌의 차이는 이렇다. 정치도 다르지 않다. 수시로 똥볼이 나온다.

자신이 지지하는 정치인이 똥볼을 차면 가슴이 쪼그라든다. 선수 시절 똥볼을 찬 기억이 새롭다.

정확히 4월 7일 저녁 8시 15분 보선 출구조사가 발표됐다. 바로 TV를 끄고 이불을 뒤집어썼다. 마누라의 슬픈 눈이 늙은 남편을 내려 보고 있겠지. 눈물이 흐른다.

칼럼을 쓰고 있는 지금 시간은 새벽 2시 27분. 똥볼을 누가 찼느냐? 몰라서 묻느냐? 계속된 똥볼에 참담했던 생각을 떠올리며 조조가 삼국지에서 한 명언, 승패병가지상사勝敗兵家之常事라는 말을 떠올린다.

외나무다리를 건널 때 미풍만 불어도 떨어진다. 이건 미풍이 아니라 태풍이다. 거꾸로 떨어지지 않고 견디는 재주가 어디 있으랴. 운동경기를 할 때 가장 확실한 승리보장은 상대가 나보다 못 해주는 것이다.

이번 보선을 겪으면서 민주당에 똥볼 잘 차는 선수들이 참 많다는 생각을 했다. 멋진 바나나킥이라도 잘못 차면 똥볼이다. 국민이 똥볼이라고 한다. '과거를 묻지 마세요'라고 하지만 그토록 형편없는 야당 후보인데도 국민은 관대했고 여당에 대해서는 냉정했다. 왜냐? 똥볼만 찬 집권당이 아닌가.

조·중·동과 기레기들은 편파 음해에 매달리고 180석의 거대민주당은 똥볼만 찬다, 개혁은 입으로만 물고 다니고 병든 개처럼 질질 끌려다닌다. 환멸과 짜증에 국민은 몸이 떨린다.

## # 민주당, 그대로 죽을 것이냐

기레기가 새삼스러운 말이냐? 조·중·동에 세뇌된 늙은이들이 변할 줄 알았던가? 민주당은 입이 광주리만 해도 할 말이 없다. 더군다나 넘어진 사람 등을 밟는 청와대 고위간부와 젊은이들 선망이었던 박주민의 똥볼.

어떻게 해 볼 수도 없이 나락으로 떨어진 민주당은 낄낄대며 축배를 마시는 저들의 모습이 상상되지 않던가? 계속되는 똥볼은 패배의 굳은 약속일 뿐이다. 똥볼로 패한 자에게 던져지는 것은 동정이 아니라 모멸이다.

늙었지만 아직도 촛불을 잊지 못하는 동지가 있다.

"매도 늦게 맞으면 소용이 없네. 이번에 참혹하게 매를 들어야 하네. 난 야당에게 표를 던졌네. 매라고 생각하면 다시 살아나겠지."

살아날까. 살기 싫으면 죽으면 된다. 죽고 사는 건 자신의 선택이다. 민주당이 무슨 변명을 할지 어떤 참회를 할지 국민이 주시할 것이다.

## # 쓰러질 때까지 뛰어라, 이제 똥볼은 인연 끝

고교 시절 똥볼 차고 우승을 잃어버린 후 혹독한 참회와 함께 독한 합숙훈련에 들어간 우리는 새벽 5시면 일어나 북아현동에 있는 학교에서 남산까지 뛰었다. 남산에 있는 그때 몇백 개나 되는 돌층계를 끊임없이 오르내렸다. 입에서 단내가 나고 모두들 쓰러졌다. 학교에 돌아온 우리들은 송장이었다. 그렇게 훈련에 훈련을 거듭하고 그 힘든 남산 돌층

계를 날듯 오르내릴 체력이 되었다. 가혹한 채찍이었다.

그해. 우리는 한 번도 패하지 않았다. 똥볼과는 인연을 끊었다. 세상사 모두 자기가 할 탓이다. 어떤가? 민주당은 나를 국회의원 감독으로 모셔 갈 생각이 없는가? 조건이 있다. 절반은 내가 지명하는 게 조건이다.

# 34 처자식의 목을 벤 계백 장군

## – 관창을 죽음으로 보낸 '품일'

### # 말머리에 달린 관창의 머리

나·당 연합군이 백제로 쳐들어왔을 때 장군 계백은 처자식을 불러 앉혔다.

"적의 노예로 사느니 아비가 너희들 목숨을 가져가겠다."

계백의 처와 자식은 아버지에게 목을 바쳤고 계백은 처자식의 목을 베었다. 많이 아는 얘기다.

백제군 결사대 500명에게 나·당 연합군은 번번이 패한다. 신라장수 품일의 아들 화랑 관창은 16세 어린 나이에 선봉장이 됐다. 금방 잡혔다. 계백이 물었다.

"몇 살이냐?"

"나이를 물어 뭘 하는가? 죽여라."

계백은 관창을 벨 수가 없었다.

"살려 줄 테니 돌아가라. 다시는 오지 말라."

돌아온 관창을 본 아비 품일 장군은 관창을 꾸짖는다.

"장수는 승리가 아니면 살아오지 않는다."

관창은 다시 싸움터로 나갔고 계백은 관창의 목을 베었다. 말머리에 목이 매달려 돌아온 아들 관창을 본 아비 품일 장군.

"아들아. 돌아왔구나."

# 계백과 품일

처자식의 목을 벤 계백의 결단, 죽을 것이 뻔한 아들 관창을 계백에게 보낸 품일의 생각은 애국이었다고 믿는다.

백제는 망하고 신라는 삼국통일을 이루었다. 오늘의 한국 정치에서 계백이나 품일 같은 인물이 있었다면 어떤 결정을 했을까? 대답할 수가 없다. 왜냐면 그런 인물이 없기 때문이다.

# 한국 정치의 너와 나

믿거나 말거나 한국 정치판을 떠도는 말과 말, 이낙연을 지지율 하락 출발점에 서게 만든 '이명박 박근혜 사면론'의 진실은 과연 무엇인가? 오가는 말만 무성할 뿐 그 어느 것이 진실인지 알 수가 없다. 어떤 음모가 숨어 있는가? 음모가 없으면 한국 정치는 존재하지 않는다. 음모가 전략이란 이름으로 탈색을 하지만 내 눈에는 그냥 음모다.

# 20·30의 정의감, "그 말이 입에서 나오는가"

보선에서 확실하게 망한 민주당은 당연히 패인을 분석했을 것이다. 20·30이 등을 돌렸다는 분석이 나온다. 당연하다. 왜 그들이 등을 돌렸을까? 희망을 상실했기 때문이다. 정말 희망은 죽었는가?

모든 국민이 분노한 땅 투기와 LH(토지공사) 비리는 새삼스러운 것인가? 개가 웃는다. 여론조사는 야당 지지표가 7%였다고 한다.

LH공사 비리를 폭로해 문재인 정권을 박살 낸 자들은 누구인가? 또 음모론이 나온다. 내가 들은 음모론의 실체를 공개한다면 난리가 날 것이다. 자신의 당을 파괴한 배신자들이기 때문이다. 머리가 어지러워진다.

세상에 비밀은 없다지만, LH공사 땅 투기 폭로를 누가 했는지에 대한 근거 있는 의혹은 많은 국민들이 알고 있다. 밝혀질 것이다.

20·30의 좌절을 누가 모르랴. 그러나 냉정하게 직시해야 한다. 보선 패배에 대한 책임을 누가 져야 하는가? 이낙연이 책임을 져야 하는가? 벽처럼 막혀있던 500여 개 법을 통과시킨 실적은 사라졌다.

이낙연을 비난하는 댓글은 누가 쓰고 있는가? 그들의 정체를 안다. 내게 고백하는 자도 있다. 실체를 말하지 않는 이유는 폭탄을 만들지 않기 위해서다. 다만 정치를 더 이상 더럽게 타락시키면 안 된다는 경고는 한다.

# 정의의 돌은 어디로 구르는가?

산 위에서 열 개의 돌을 굴리면 제멋대로 굴러내려 간다. 그러나 한 가지, 위에서 밑으로 내려간다는 것은 진리다.

정의도 같다. 때로 불의가 정의를 이기는 것처럼 느껴져도 결국은 정의가 승리한다. 오늘까지 흘러온 한국의 역사도 그렇다. 잘못된 인생을 살아오던 많은 인간이 정의의 길을 걷는다.

대한민국은 내가 살다가 죽으면 끝나는 구르는 돌과 같은 존재가 아니다.

절망하지 말자. 대한민국에는 계백도 품일도 관창도 있다.

정의는 실낱 같은 숨결을 이어가면서 영원히 산다. 우리가 그렇게 살아왔다.

그렇게 살자.

# 35 '사람 사는 세상'은 오는가

## – 반드시 온다, 사람이 먼저다

요즘처럼 거짓말이 일상이 되어 버린 세상이 있었는가? 거의 온종일 그 생각을 한다. 이토록 거짓말이 거리낌없이 세상을 활개치고 돌아다닐 수 있다면 진실은 어디서 숨 쉬고 살 수 있단 말인가?

세상이 온통 거짓인데 나만 정직하게 살란 말인가? 얼마나 손해를 보고 사는지 아는가? 항의를 받으면 할 말을 잃는다. 지금껏 수도 없이 거짓말을 늘어놓고 산 내 혓바닥을 잘라버리고 싶다. 나의 거짓말로 해서 얼마나 많은 선량한 사람들이 고통을 받았을까? 고통으로 모골이 송연하다.

**# 오세훈! 박형준! 억울한가?**

정치하지 않았으면 이토록 모멸스러운 인생을 살지 않았을 것이다. 마치 그들의 이름은 '거짓말'의 대명사로 알려져 있다. 물론 그들 자신은 억울할 것이다. '아니다. 난 거짓말을 하지 않았다' 이렇게 항의를 할지도 모르고 '세상에 나만 거짓말하느냐? 왜 나만 가지고 그러냐' 반격을 할지도 모른다.

그럴 수 있다. 그러나 온 세상 사람들이 모두 거짓말을 했다고 거짓말이 정당화되는 것은 아니다. 거짓말은 누가 해도 나쁜 것이다. 오세훈 박형준이 늘어놓은 거짓말은 아무리 좋게 생각해 주려고 해도 되질 않는다. 아마 그들 자신도 자신들의 거짓말을 인정할 것이다. 정치가 그러니 도리없이 거짓말을 하고 산다고 할 것이다. 그래도 거짓말은 나쁜 것이다.

그들은 한국에서 가장 큰 도시를 이끌어 가겠다고 시장에 입후보한 사람들이다. 이명박 같은 사람도 대통령을 하는데 내가 시장을 못할 것이 뭐 있느냐고 항의를 한다면 할 말이 없다. 그러나 그들이 시장에 당선된다면 옳고 그름의 기준이 사라진다. 도대체 뭘 믿고 살아야 한단 말인가?

**# 양심에 물어보자, 그들이 정직한가**

오늘 이 칼럼을 쓰기 전에 많이 생각했다. 내가 한쪽으로 편향되어 있기 때문에 그들을 비판하는 것이 아닌가? 과거 그들의 행적을 다시 살펴보고 발언도 다시 들어 봤다. 기자들에게도 물어보고 '국민의힘' 간부들에게도 물어봤다. 대답은 거의 같았다.

"누군 거짓말 안 합니까?"

"모두 그놈이 그놈 아닌가요?"

아아 정말 할 말이 없다. 설사 그들의 대답이 옳은 것은 아니라 해도 그것이 현실인데 어쩐단 말인가? 현실이면 살인도 정당한 것으로 인정해야 하는가? 말도 안 되는 이따위 논리로 합리화를 시도해도 가슴이 허락을 안 한다.

# 고민하지 말라, 정의는 정의다

토론을 봤을 것이다. 토론을 보고도 변화가 없다면 도리가 없다. 그러나 세월이 가고 그때 아아 내가 정말 잘못 찍었구나, 후회해도 소용이 없다. 거짓말로 눈동자가 떨리고 얼굴이 일그러지는 모습을 보면서도 그를 찍는다면 어쩔 것인가? 방법이 없다.

박정희 시절. 선임하사가 지켜보는 가운데 투표를 했다. 나는 소신껏 투표했다. 선임하사는 내가 누굴 찍었는지 알 것이다. 아무 말도 안 했다.

지금 얼마나 자유로운가? 돈으로 매수하는 시대도 아니다. 소신껏 투표할 수 있다. 양심을 지킬 수 있다.

위대한 국민이라고 자부한다. 우수한 국민이라고 자랑한다. 서울시장 부산시장 선거에서 누가 당선될까? 나는 알고 있다.

"사람 사는 세상은 오는가?"

분명히 온다. '사람이 먼저'인 '사람 사는 세상'은 반드시 온다. 가슴을 펴고 뜨겁게 맞이하자.

# 36 "작두를 대령하라"

## – 불법 부당이득, 극형이라 했느냐

### # '작두'야! 어디 있느냐

처음부터 '작두'가 등장하니 살벌하다고 느낄 것이다. 눈을 부릅뜬 포청천의 대갈일성과 함께 작두날이 떨어지고 죄인의 목도 함께 떨어진다. 목이 떨어지는 장면은 보지 못했다. 상상만으로 얼마나 무서운 것인지 알 수 있다. 이를 보는 죄지은 자들은 저마다 목을 쓰다듬을 것이다. 드라마 속에 죄수가 아니라 우리의 현실 속에서 죄지은 자들도 모두 가슴이 떨릴 것이다. 그것이 죄지은 자들의 양심이다. 우리 주위에는 없을까?

선거 입후보자들의 토론회를 보면서 분노하는 것은 그들이 거짓말을 했다는 그 사실보다도 거짓말을 하면서 얼굴 어디에도 자책하는 떨림이 없다는 것이다. 늘 하는 말이지만 도둑놈도 자신의 도둑질이 죄임을 안다. 그걸 모르면 도둑 중에서도 아주 못된 도둑이다. 시청자들 중에 네 편 내 편 할 것 없이 그 같은 판단은 같다고 믿는다.

토론회 광경을 판관 포청천이 보고 있었다면 토론을 중지시키고 즉시 작두를 대령하라고 명령을 내렸을 것이라고 나는 확신한다. 인간이 어떻게 한 번도 거짓말을 하지 않고 살 수 있으랴. 문제는 그 정도이다. 요즘 후보들의 토론을 보면서 국민들은 무엇을 느꼈을까 묻는 사람이 어리석다고 할 것이다. 왜냐면 부끄러움도 본능과 같은 것이라고 믿기 때문이다. 저게 사람이냐는 탄식이 나온다.

군대생활 할 때 일주일에 한 번 특식으로 돼지고기가 나오는데 고참이라고 부식병을 꼬셔서(협박) 고기 얻어다 소주를 마셨다. 모두 먹어야 할 고기를 불법으로 먹은 죄. '작두형'까지는 아니라도 지금도 그 생각을 하면 부끄럽다. 그 밖에도 부끄러운 게 어디 하나둘이랴.

# 오세훈! 박형준! 국민이 바보로 보이느냐

그들이 항의할 것이다. '거짓말은 나만 하느냐? 거짓말 안 하는 놈 있으면 나와 보라' 아무도 못 나올 것이다. 그러나 내 나이 80이 넘었어도 이번 후보 같은 인간들은 처음이다.

답답했다. 가깝고 멀고 상관없이 주위에 물어봤다. 아예 답을 안 한다. 나 역시 답을 안 한다. 언론사 여론조사도 신뢰를 상실한 지는 이미 오래다.

# 부당이득을 취한 자, 극형이라고 했느냐

'대검'은 총구에 꽂는 단검을 말한다. 영화에서 봤을 것이다. 적의 가슴에 깊게 박히는 대검. 끔찍하다. 그래서 대검찰청(대검)을 두려워하는가? 이번에 정부에서는 땅 팔아 불법 부당이득을 얻은 자들은 공직 여부를 막론하고 극형에 처한다고 했다. 대통령이 참모회의에서 강한 발언을 한 이후에 나온 검찰 발표다. 언론마다 대문짝이다. 믿는가? 극형. 중형! 어디 한두 번 들은 소리인가?

대통령이나 정부는 땅을 칠지 몰라도 국민을 원망할 자격이나 있는가? 할 말이 없을 것이다. 내가 알코올 중독자로 맨날 집에서 주정이나 하고 술 끊는다고 수도 없이 맹세했지만 어린 자식들도 아비 말을 듣는 척도 안 했다. 대통령이 언명하고 대검이 칼을 뽑았는데 국민이 믿지를 못하면 이 나라는 어떻게 되는가? 쓸만한 야당은 있는가? 야당 자신이 잘 알 것이다.

정부가 국민과의 약속을 제대로 지킨다면 정치하기가 그렇게 어렵지 않을 것이다. 지금까지 정권 중에서 국민에게 한 약속을 제대로 지킨 정권이 있다고 자신 있게 말할 수 있는 공직자가 있으면 나와 보거라.

국가정책과 가장 밀접한 관계에 있는 청와대 정책실장이 잘못된 행동에 대한 책임을 지고 사퇴를 했으니 정말 꼴이 말이 아니다. '작두'감이다.

대통령이 사과하고 이낙연도 사과했다. 사과했으니 안 한 것보다는 낫다. 그러나 사과를 백 번해도 무슨 소용이 있는가? 국민은 사과를 믿는가? 두고 보라고 한다면 '두고 보란 놈 하나도 안 무섭다'고 할 것이다. 내가 가족들에게서 신뢰를 회복하는 데 수십 년이 걸렸다.

### # 법정을 채운 건 국민의 증오뿐이다

근엄한 표정으로 법정에 앉아있는 판사 검사 변호사들. 그들이 자신들을 쳐다보는 국민들의 가슴을 들여다본다면 기절초풍을 할 것이다.

내일 모래 이틀간 보궐선거 사전투표가 실시된다. 나는 늘 사전투표를 했다. 내가 누구를 찍을지 다들 안다.

주위에선 찍을 후보가 아무도 없다고 한다. 내 경우도 하나같이 마음에 안 드는 후보였지만 그래도 기권하는 경우는 없었다. 왜냐? 투표는 해야 한다는 소신 때문이다. 자신의 판단이지만 그래도 손톱만큼이라도 좀 나은 후보가 있기 마련이다. 그 후보를 선택하는 것이다. 자식도 못난 놈과 좀 나은 놈이 있다. 사랑이야 같지만, 능력의 평가는 다르다.

한 가지 분명한 것은 거짓말하는 놈은 안 찍는다. 찍지 말아야 한다. 정치꾼들이 휘두르는 거짓말이란 비수로 국민이 얼마나 고통을 받았으며 지금도 받고 있는가? 특히 이번 보선은 거짓말의 챔피언들이 나왔다.

작두에 목을 올려놓을 포청천은 없더라도 자신의 한 표가 무서운 '작두' 날이라는 것을 알 것이다. 한 표가 바로 '작두'다.

# 37 민심이란 이름의 단두대

## – 길은 하나뿐

조조가 '적벽대전'에서 참패 후 털어놓은 말
"하하 전쟁에서 이기고 지는 것은 병가상사니라."
꼬맹이들의 동네 싸움에도 승패는 있다.

### # 정의는 반드시 승리하는가

정의는 승리한다는 말을 많이 듣는다. 정의가 무엇이냐 물으면 딱 이거다 하고 말하기는 애매하지만 상식적인 답은 있다. 정의는 옳은 것이다. 그러나 상식을 뛰어넘는 해답이 있다. 이해가 상충되면 정의는 사라진다.

보선에서 민주당이 참패했다. 서울은 그래도 승리할 줄 알았는데 예상이 틀렸다. 이제 상식은 갈 곳이 없다. 양심은 어디로 가는가? 행불이다.

아무리 배가 고프다 해도 도둑질은 나쁘다. 굶주림을 이해해도 나쁜 것은 나쁘다. 이제 옳고 그른 것은 이해득실이 좌우한다.

# 정권 잃으면 어떻게 될까

'국민의힘'이 아무리 잘못해도 다음 선거에서 승리할 것이라고 한다. 민주당도 자신이 없다. 싸우지도 않고 백기를 들었다. 자신들이 잘못하고 있다는 것을 알기 때문이다. 전쟁은 할 필요도 없다. 패한 전쟁이다.

경험처럼 좋은 교과서는 없다. 박정희, 전두환, 박근혜의 정치를 체험한 국민들이다. 그들이 집권하던 시절 국민들은 어떤 고통을 겪었던가? 정권이 바뀐 다음 정부에서 감옥에 갈 사람이 얼마나 많을까?

다시 촛불을 들고나온다 해도 그땐 이미 늦었다. 생각만 해도 끔찍하다. 민주당은 바보들만 있는가? 인간이 아무리 자기 좋은 대로만 생각하는 동물이라 할지라도 이 정도의 초급 예측은 할 수 있어야 제명대로 살 수 있다. 절대로 그냥 비켜갈 '국민의힘'이 아니다.

대통령도 온전하지 못할 것이라고 하는 데 난 동감이다. 죄진 거 없는 대통령도 피하지 못한다. 노무현 대통령이 죄지어서 부엉이바위에 올랐는가? 타고 난 명대로 살려면 방법을 찾아야 한다. 문재인 대통령은 어디에 있는가?

조·중·동이 언론이냐 하는 문제는 새삼스럽다. 언론은 국민을 완전히 바보로 만들었다. 토지투기 세력들의 단결이 얼마나 무서운가. 무슨 짓을 했는지 모르는가? 다음 대선도 같다.

# 좋은 세상에서 살자, 사람이 그립다

지하에 매몰되었다가 살아나온 인간의 기록은 수없이 많다. 공통점은 살아야 한다는 희망을 버리지 않은 것이다. 희망이란 살아가는 힘의 원천이다. 많은 사람들이 살기 힘들다는 말을 한다. 일일이 나열하면 머리가 쪼개질 것이다.

노무현 대통령이 어려운 때가 한두 번이었는가? 그래도 나는 민주당원이었다. 이제 나는 어떻게 해야 하는가? 솔직히 꿈에서도 고민을 했다.

80이 넘은 생리적 한계에 이른 이승의 목숨이다. 민주당 하는 모습에서 희망을 보지 못한다. 사기가 죽으면 전쟁은 하나 마나다. 왜 이리도 민주당의 빈자리가 많은가? 180석으로 채운 의석이 텅 빈 것 같다.

그들에게 애국이 있는가? 이해득실과 계산된 욕망뿐이다. 출세욕뿐이다. 안 보이는가? 지난 보선을 통해서 국민들도 다시 한 번 확인했을 것이다.

'사람이 먼저'라는 말을 많이 한다. 맞는 말이다. 그러나 사람이 안 보인다. 대통령도 안 보인다.

긴 설명 필요 없다. 다음 선거에서 민주당은 또다시 참패하고 정권은 야당에게 넘어갈 것이다. 살길이 보이지 않는다.

살길이 어디에 있는가? 찾아라. 버러지들도 자신의 살길을 찾기 위해 결사적으로 발버둥친다. 민주당은 무슨 발버둥을 치는가? 민주당이 살길을 찾아주어야 할 의무는 국민에게 없다.

민주당의 죽음은 지극히 당연한 것이다.

# 38 공직후보자와 철면피한 거짓말

## – 그래도 좀 나은 과일을 고르자

"네 말을 믿느니 노처녀 시집가기 싫다는 말을 믿겠다."

신뢰가 땅에 떨어진 사람의 불신을 말할 때 흔히 쓰는 비유다. 더 심한 비유도 있다. 죽었다고 해도 믿지를 않는다. 이 같은 불신은 받는 쪽이나 하는 쪽이나 모두가 불행이다. 거짓말 하나도 하지 않고 살 수 없는 세상이라고 해도 거짓말이 참말을 누르는 세상이라면 참으로 불행이 아닐 수 없다.

지금 꼭두새벽에 거짓말 타령을 하고 있는 나도 딱하기는 마찬가지지만 생각해 보면 나의 거짓말 과거가 주마등처럼 스쳐 간다. 지금 아침 새벽 3시다. 6시가 되면 투표하러 나갈 것이다. 뭐 그렇게 일찍 투표하느냐고 할지 모른다. 버릇이다. 사전 조기투표를 할 수 있게 된 이후 늘 나는 일찍 투표했다.

### # 누구를 뽑느냐

난 고민을 하지 않는다. 투표 전에 늘 확실한 결심을 하기 때문이다. 내가 찍겠다는 후보가 완벽하기 때문이 아니고 내가 지지하는 정당의 후보이기도 하지만 상대방 후보보다는 조금 낫다. 낫다는 의미는 늘 하는 비유지만 과일 가게서 사과를 고르는 이치와 같다. 조금이라도 크고 먹음직스러운 과일을 고르는 것이다. 집사람이 오히려 남자가 뭘 그렇게 고르느냐고 핀잔을 줄 정도다. 그 말도 일리는 있지만, 성격인 걸 어쩌랴.

보궐선거 운동을 하는 후보자들을 보면 가엾다는 생각도 든다. 목이 잔뜩 쉬어서 말도 제대로 나오지 않는데 한 표를 달라고 목청을 높인다. 나 정도가 되면 후보가 무슨 소리를 해도 진실 여부는 그런대로 제대로 판단한다고 믿는다. 그가 속한 정당의 공약도 빤히 알지만, 후보의 공약은 더 말할 필요도 없다. 한마디로 뻥이다.

# 불쌍한 놈

이게 누구한테 하는 소리인가? 나 스스로에게 하는 소리인 경우가 많다. 아무리 들어봐도 고개가 끄덕여지지 않는다. 거짓말이라는 것을 알기 때문이다. 현재는 과거의 거울이라는 말이 있다. 요즘 거짓말 후보의 대표 선수처럼 회자되는 후보가 있다. 솔직히 하나부터 열까지 진짜는 하나도 없다는 생각이다.

토론을 봐도 마찬가지다. 상대가 아픈 질문을 하면 주둥이(입)를 삐쭉 내민다. 자신도 모르게 입이 나오지만 그건 바로 할 말이 없다는 고백이다. 누가 뭐라고 해도 자기 자신보다 자신을 잘 아는 사람은 없다.

모든 후보가 모두 거짓말을 한다고 생각하면 우리 유권자(국민)가 너무 불쌍하다. 저렇게 해서 당선된 후보가 법을 만들고 그 법에 의해서 우리는 살아간다. 악법도 법이라지만 참 더럽다. 판사나 검사나 존경과 거리가 멀어진 지는 이미 오래다. 국회의원도 말할 것이 없다. 대통령은 어떤가? 대통령 후보가 예상되는 사람들은 어떤가? 아직 시간이 있으니 나중에 얘기하자.

서울과 부산 후보들의 얼굴이 하루 종일 TV 화면을 누빈다. 화면을 보면서 유권자(국민)들이 하는 소리는 무엇일까? 사실 요즘 세상은 숨기려야 숨길 방법이 없다. 그냥 발가벗겨지는 것이다. 까도 까도 양파라는 후보가 있는가 하면 하도 거짓말을 해서 자기가 무슨 거짓말을 했는지조차 모르는 것 같은 후보가 있다. 심지어 '거짓말에 대해서 겸허해야 한다'는 기막힌 말씀까지 하신다. 그 후보의 얼굴을 보면서 유권자는 무슨 생각을 할까.

정치하기 전에는 좋은 대학 나오고 좋은 직장 다니며 사는 것처럼 산 후보들이 참 많다. 그런데 빌어먹을 정치에 발을 드려놓은 후에 만신창이가 됐다. 좀 아는 후보에게 물었다.

"정치 왜 했냐?"

"이 정도로 망가질 줄은 몰랐습니다."

"그럼 이제 때려치우면 되지 않냐?"

"억울해서 못 합니다."

뭐가 억울한지 모르겠지만 그렇게 거짓말하는 정치를 계속하다가는 그야말로 인생 종 치는 것이다.

정치가들이 존경받는 세상은 언제나 오는가? 내가 대학 시절 몇몇 분의 존경하는 정치인들이 있었다. 지금 얘기해서 뭘 하는가? 죽은 자식 뭐 만지는 거나 다름이 없다.

사전투표해도 될 시간이 왔다. 나처럼 투표하러 갈 사람도 있을 것이다. 그놈이 그놈이라서 기권하는 유권자도 있을 것이다. 아니다. 그래도 좀 나은 인간을 골라야 한다. 그래야 더 못된 놈이 떨어진다. 어차피 신뢰와는 인연이 없는 공직후보자가 아니더냐? 못된 후보자가 계속 떨어지면 정치를 포기할 것이다. 포기한다고? 12번 출마한 후보도 있다.

민주당이 죽을 쑤고 있다. 대통령이 무척 속상할 것이다. 책임의 일단은 대통령도 져야 한다. 참모들은 말할 것도 없다. 그런 인간들 모가지 바로 자르지 못한 것은 대통령이 책임져야 한다. 모르는가? 그것도 책임이다.

그런데도 잘 보면 좀 나은 후보는 있다. 더 나은 사과를 고르자.

# 39 젊은 세대를 모욕하지 말라

## – 20·30은 거짓말을 증오한다

한때 나는 시위현장에는 꼭 있었다. 빠지면 죄를 짓는 거 같았다. 대학 1학년 때 해공 신익희 선생의 서거 소식을 듣고 경무대(현 청와대) 앞에서 시위하다가 구속됐다. 죽도록 얻어터지고 없는 죄도 자백했다. 당시 경찰은 누구한테 돈을 받았냐면서 팼고 난 그들이 부르는 데로 진술했다.

대한민국에서 정치하려면 우선 매를 견디는 훈련부터 해야 할 것이라고 느꼈다. 독재에 항거하는 시위에는 항상 젊은 세대가 앞장섰다. 부산민주화운동, 광주5·18민주화운동, 총알을 맞고 쓰러진 우리 젊은이들은 지금도 민주묘역에서 눈을 감지 못하고 있을 것이다. 왜냐면 아직도 반 민주세력이 활보하고 있기 때문이다. 언제나 희생의 첫 제물이 되는 20·30 그들이 원하는 것은 정의이고 사람이 사람답게 사는 세상이다. 거짓말이 아니다.

### # 20·30과 여론

반 민주세력의 앞잡이라고 언론이 비난을 받는다. 반박도 못 한다. 기레기라고 불리는 기자와 대화를 나눈다. 아끼는 후배다. 기레기라고 욕을 하면서도 만나는 이유는 가엾어서다. 한참 얘길 하다 보면 어느새 그의 눈에는 눈물이 그렁그렁 맺힌다. 이 역시 모두 우리가 잘못해서다. 우리가 뿌린 씨다. 조선 동아 기자들이 왜 기레기로 질타를 받느냐? 내 탓이다. 우리 탓이다.

언론검색을 하다 보면 확연히 드러난다. '기레기'와 '안기레기'가 보인다. 기레기가 되지 않으면 회사에서 살아남지 못하는 힘없는 존재다. 누가 무관의 제왕이라 했던가? 그들 자신도 자신들의 무력함을 잘 안다. 먹고 살아야 하니까 견딘다. 얼마나 고통이 심하겠는가?

그러나 정치인의 거짓말은 어떤가? 어떤 부분에선 이해할 부분이 있다 해도 요즘은 거짓말이 정치인의 필수품인 것 같아서 끔찍한 생각이 든다. 온 국민의 관심사인 서울시장 보궐선거에 출마한 박영선, 오세훈의 토론을 보았다. 김영춘 박형준의 토론도 보았다. 그들의 토론을 지켜보면서 어쩌면 저럴 수가 있는가 하는 한탄과 함께 거짓말이 몸에 일부분이 된 것 같은 확신이 들었다.

어떻게 아느냐고 묻지 마라. 사람이면 다 안다. 후보 자신이 잘 알 것이다. 완전히 국민 무시다. 이런 후보는 사퇴시키는 것이 그가 속한 정당이 할 일이라는 생각까지 들 정도다.

100분 토론을 본 사람들의 의견을 물었다. 뭐가 뭔지도 모르는 후보, 자기가 무슨 말을 하는지도 모르는 후보인 것 같다. 어쩌면 저런 상태로 토론에 나온단 말인가? 도둑도 자신이 뭘 훔쳤는지는 안다.

수시로 걸려오는 여론조사 전화다. 나는 안 받는다. 역시 신뢰다. 부동산투기와 관련된 공직자들의 비리를 엄단해야 되는 것은 두말할 여지도 없다. 소급입법은 물론이고 이들의 부당이득은 모두 환수해야 한다. 5배까지 추징해야 한다고 했다. 대통령도 공식적으로 사과했다. 중증치매라서 대통령이 사과했는가? 오세훈이 대답해야 한다.

20·30이 등을 돌렸다고 언론이 대서특필한다. 신바람이 났다. 좋을 것이다. 여론조사는 특정 기관의 전유물이 아니다. 나도 여론조사를 한다. 마음이 무겁다. LH의 부동산 관련 비리에 대해서 공분하지 않는 국민이 어디 있겠는가? 20·30도 다를 것이 없다. 그런데 유독 20·30을 강조한다.

그럴 수 있다. 20·30이면 누구보다 정의감이 강한 세대다. 문제는 과유불급이다. 후보 토론을 통해 알려진 온갖 비리들과 이명박 박근혜의 비리를 덮어두고 할 말이 있는가? 모두 반성해야 하고 범법자들은 단호하게 엄벌해야 한다. 그것만이 국민의 신뢰를 찾을 수 있는 유일한 길이다.

**# 하인으로도 쓰지 말라**

현대 창업자 정주영 회장의 명언이 있다.

"저놈은 종으로도 쓰질 말라!"

종으로 쓰지 말라는 그놈이란 누구인가? 국민들은 기억할 것이다. 어느 대통령 후보가 단상에 올라 손을 흔들며 외쳤다.

"믿습니까? 믿습니까? 믿습니까?"

그를 믿고 투표를 한 국민들, 그러나 믿는 국민의 발등에 도끼질한 대통령은 감옥에 있다. 토론을 보면서 저런 사람이 결정적인 권한을 쥐면 나라 꼴은 어떻게 되는가? 일하다가 기분 틀리면 사퇴를 할 것이다. 잘 선택해야 한다. 잘못 찍으면 되돌릴 수도 없다. 전과가 무서운 점은 한 번 생길 때는 두려워하지만 한 번 생기고 나면 두 번째는 쉽기 때문이다.

20·30에게 누구도 무엇을 강요할 수 없다. 다만 할 수 있는 것은 신뢰 실천이다. 그들에게 실망을 준 민주당 정권은 3보 1배의 사죄를 해야 한다.

토론은 온 국민에게 하는 공개약속이다. 국민이 판단해야 한다. 다시는 속지 말자. 속은 후에는 땅을 쳐도 소용이 없다. 20·30뿐이 아니다. 온 국민이 눈 크게 뜨고 지켜보자. 책임은 국민에게도 있다.

# 40 노무현 배지

## – 정직하겠다는 약속이다

사전투표 첫째 날, 일찍 투표소를 찾았다. 몇 명 안 되는 투표자들. 투표용지를 받아 든 나를 본 20대 여성이 반색한다.

"어머 할아버지 노무현 배지 다셨네요."

최소한 노무현 대통령을 싫어하지는 않는다는 느낌이다. 배지까지 꼭 달고 다녀야 하느냐고 아내는 핀잔이지만 난 꼭 달고 다닌다. 내 나름대로 이유가 있다. '난 거짓말을 안 한다'는 공개적인 약속이다. 진짜 거짓말을 안 하느냐? 누가 묻는다면 대답을 사양한다.

난 묵주반지를 꼭 끼고 다닌다. 나름대로 이유가 있다. 손가락을 움직일 때마다 스치는 반지의 감각은 나에게 죄를 짓지 말라는 경고다. 흔히 '나이롱' 신자라는 비판을 받지만 내게는 소중한 사부다.

### # 양심과 거짓과 신뢰

아무리 거짓말을 잘하는 사기꾼이라 할지라도 노련한 수사관들은 알아낸다. 가슴팍에 사기꾼이라는 명패를 달고 있는 것도 아닌데 어떻게 아는가? 한동안 마주 앉아 보고 있으면 알 수 있다는 것이다. 심증의 법적 효력 여부는 알 수 없지만 그렇다는 것이다. 양심이란 보이지는 않아도 느낄 수 있다.

정치인들과 만날 많은 기회가 있다. 앉아서 이런저런 얘기 하다 보면 그 사람에 대한 평가가 나오고 나중에 결과를 보면 대충 정확하다. 그 역시 양심은 보이지는 않아도 전달되는 힘이 있기 때문이다. 양심이란 신뢰의 힘이다.

병원에 가면 문진이 있다. 머리가 어떻게 아프고 등이 쑤시고 어지럽고 등등. 의사는 듣고 혈압도 재고 처방을 한다. 이때 환자는 의사를 신뢰한다. 신뢰하지 않으면 병원에 갈 필요도 없다.

요즘 귀가 아프도록 듣는 정치인들의 연설을 들으면 저렇게 좋은 정치인들이 많은데 왜 정치 꼴이 이 모양인가 한탄이 나오는데 떠드는 정치인은 국민이 믿어줄 것으로 아는 모양이다. 국민은 나름대로 평가의 기준이 있고 그에 따라 마음을 정하는 것이다. 여기서 기준은 신뢰다.

**# 거짓은 신뢰의 기준이다**

한 번도 만나본 적이 없는 후보다. 정치에 대한 식견도 별로 없다. 그러나 마음속으로는 결정한다. 저건 아니다. 그럼 무엇이 기준인가?

까놓고 말하면 도무지 신뢰가 안 간다. 보궐선거의 가장 핵심은 서울과 부산이다. 각 당에서는 거물정치인을 출마시켰을 것이다. TV토론 생방송을 본다. 함께 보던 사람들이 입을 모아 하는 말은 거짓말이라는 것이다. 바로 며칠 전 무슨 약속을 했는데 지키지 않는 것은 물론이고 자신이 한 말도 부인한다는 것이다. 이런 후보를 어떻게 믿느냐는 것인데 믿지 못하는 유권자를 비난할 수 있는가?

그땐 그런 말을 했는데 생각해 보니 내가 잘못했다. 사과한다. 이렇게 털어놓으면 유권자들은 최소한 배신자라는 소리는 하지 않을 것이다. 어떤가? 배신자라는 욕을 먹고 할 말이 있는가? 그건 기억력의 문제가 아니라 양심의 문제다. 원래 양심이 없거나 중병이 든 것이다. 이런 후보를 어떻게 시장으로 뽑는단 말인가? 거짓말이 들통났을 때 멍한 표정을 보면 인간적으로 불쌍하다는 생각이 든다.

양심이고 신뢰고 상관없이 당선만 시켜 준다면 개똥이라도 집어 먹겠다는 후보자들이 많을 것이다. 흔히 거짓말하는 정치인보다 속아 넘어가는 유권자의 책임이 더 크다는 말도 한다. 아니다. 도둑놈보다 도둑맞은 사람이 더 나쁘다는 말이 아니고 뭔가? 그런 놈의 세상이라면 우리가 왜 살아야 하고 왜 투표를 한단 말인가? 누가 뭐라고 해도 도둑놈이 나쁜 것이다.

사기꾼이 하도 비상해서 속아 넘어간 경우는 있을 수가 있다. 이명박의 거짓말은 기가 차다. 얼마나 대단했으면 국민이 그렇게 까맣게 속아 넘어갔으며 지금도 이명박을 외치는 유권자가 있단 말인가? 이명박 밑에서 별의별 못된 짓 다한 인간이 입후보했다고 욕을 하는 데 아니라고 부인할 자신이 있는가? 그냥 그런 일 없다는 부인하는 것만으로는 국민을 설득할 수가 없다. 차라리 과거일 뿐이라는 개소리를 지껄이는 게 낫다.

아들 며느리들이 사전투표를 했다고 전화를 했다. 보고할 의무도 없는데 아비의 조바심이 안쓰러웠을 것이라고 믿는다. 젊은 친구들을 중상 모략하는 수구 언론과 파렴치범들. 젊은이들은 건강하다. 절대로 구악들을 찍지 않는다. 나는 믿는다. 그들은 건강하다. 그들의 나라 사랑은 흔들림이 없다.

노무현 배지를 많이 달고 다녔으면 좋겠다. 거짓말 안 하고 살겠다는 대외적 표시로 배지를 단다면 얼마나 달고 다닐까?

그보다도 우선 더 중요한 것은 사람 같은 후보에게 투표하시라. 우리는 못된 정권을 만나 얼마나 고생을 하고 대통령 잘못 뽑아 얼굴을 들고 다니지 못했다. 다시는 그런 망신을 당하지 말자. 거짓말쟁이는 절대 뽑지 말자.

# 41 정직한 지도자

## – 공직자 거짓말, 개가 부끄럽다

중국의 고사 하나 소개한다. 황제경호실의 기강이 엉망이었기에 새로 취임한 황제경호실장이 경고했다. '경호훈련에 농땡이 부리는 자는 목을 베겠다' 모두 웃었다. 누구도 그 말을 믿지 않았다. 훈련이 시작됐다. 황제에게 최고의 총애를 받는 시녀가 비웃으며 무단불참하였다. 경호실장은 시녀를 공개 처형했다. 다음부터 훈련은 칼처럼 시행됐다.

내가 공병학교 특과교육 받을 때 반장이었다. 잘못한 일이 있어 단체기합을 자청, '빠따'를 맞았다. 반장인 나는 맨 나중에 맞았다. 날 때린 녀석. 진짜 눈에서 불이 번쩍 났다.

"나쁜 놈."

물론 속으로 한 말이다.

장개석 군대란 말이 있다. 모택동의 군대가 싸우는데 미군이 지원한 장개석군의 최신 무기가 다음 날이면 모택동 군대 손에 들려 있었다. 보나 마나 한 싸움이다. 월남전에서 '고딘디엠' 군대는 호치민 군과 붙었는데 결과는 뻔했다. 역시 미군이 지원한 무기를 다음 날이면 호치민 군이 들고 싸운다. 이러니 미군이 월남전에서 확실하게 깨지지 않으면 그게 이상한 일이다. 치욕은 싸다.

6·25는 어땠는가? 당시 한국군 장교는 번쩍번쩍한 가죽 장화에 가죽 채찍 들고 명동을 활보했다. 북한의 인민군이 어떻게 훈련을 받았는지는 모르지만, 전쟁이 터지자 '점심은 대동강에서 먹는다'던 국군은 형편없이 박살 났다. 꽁지가 빠지게 도망친 한국군 똥별들의 이름을 난 안다. 이승만은 도망가서 서울을 사수한다는 거짓말을 방송으로 늘어놨다. 죄 없는 서울시민들이 빨갱이가 됐다. 이게 지도자들의 모습이면 전쟁은 하나 마나다.

# 이 잡듯이 샅샅이

무슨 말인지 국민은 잘 알 것이다. 정세균 총리의 역정이 대단하다. 이제 국토부와 LH공사 직원은 투기 근처에만 갔어도 살아남지는 못할 것이다. '이 잡듯이 샅샅이'라고 했는데 견뎌낼 재간이 있을까? 한데 가만있자. 벌써 사고가 터진 지 며칠이지. 그래도 믿어보자, 며칠이나 가는지 두고 보자는 국민의 냉소가 눈물이 된다. 이런 불신으로 무슨 정치를 한단 말인가?

# 지도자는 목을 걸고 약속을 지켜야

노무현 대통령의 당선자 시절에 대변인이 이낙연이었다. 언론계 사정을 좀 알던 내가 심부름을 했다. 그때 어느 계파의 중진이 내게 넌지시 조언을 한다.

"회장님도 이제 정치를 하셔야죠. 정치자금이 필요합니다. 그건 제게 맡기십시오."

난 웃으며 이낙연 대변인에게 고자질했다. 심각하게 듣던 그의 대답은 한마디였다.

"제가 처리하겠습니다."

나는 처리의 의미가 따끔한 충고 정도로 짐작했다. 그러나 일주일 후 정치자금을 주선한다고 제의한 중진은 안 보였다. 이낙연은 경과도 내게 말하지 않았다. 그 중진은 지금 조용히 빵에 있다.

동아일보에 친구들이 많다. 정치와 문화 쪽에 많았다. 시인이자 (적과 동지)의 정치평론을 쓰신 김동영金東鳴 선생을 존경했다. 오늘의 동아일보를 생각하면 가슴이 아프다. 동아일보가 그 시절로 돌아왔으면 얼마나 좋을까?

이낙연 의원은 김대중 대통령(내겐 선생님이란 호칭이 더 좋다)의 권유로 정치를 시작했다. 만약 다른 사람이 정계진출을 권유했다면 어땠을까? 호랑이는 호랑이를 알아보는 법이다. 노무현 대통령이 '내가 사람을 알아보는 눈이 있다'고 하신 말씀을 나는 믿으며 아마 김대중 선생님도 그렇게 말씀하실 것이다.

친구들과 정치 얘기를 많이 한다. 특히 정치인의 신뢰를 많이 거론한다. 거명되는 정치인은 거의 유명인들이다. 이런저런 얘기 중에 신뢰 없는 사람을 말할 때 빠지는 인물은 이낙연이다. 그는 낄 필요가 없다. 그가 신의를 어기는 경우는 거의 없기 때문이다.

차마 입에 옮기기조차 민망한 우리 정치인들의 신뢰, 지금 거명되는 정치인들의 과거사를 거의 꿰뚫고 있는 나로서는 이낙연 의원의 상임고문인 것에 뿌듯한 자부심을 느낀다. 노무현후원회장으로서 느끼던 자부심과 거의 같은 수준이다. 그것만으로도 나는 행복하다. 내 인생이 얼마나 남았는지는 모르지만, 앞으로 누구와 토론을 하더라도 이낙연의 신뢰 관련이라면 밤새워 토론해도 자신이 있다.

# 어깨에 빛나는 별

전역한 장군들과의 교분이 있다. 많은 대화를 나누며 조언을 듣는다. 나나 이낙연 의원이나 육군 병장 출신이다. 어깨에서 빛나던 별은 감히 쳐다보기도 떨렸던 졸병 시절이 있었다. 지금 흉금을 터놓고 국가의 장래를 우려하는 그들의 우국지정을 느끼며 고마움과 함께 그들의 지지를 받는 이낙연 의원이 대견하다는 생각을 느낀다.

내가 방송작가협회를 창설한 원로 작가 중에 하나다. 작품의 우월은 따지지 말고 연세 좀 드신 어른이면 누구나 기억하는 KBS의 5분 드라마 〈김삿갓 북한방랑기〉를 10여 년간 집필했다. 국군의 방송을 내가 전담해서 집필하던 시간도 있었다. 이런 얘기를 굳이 하는 이유는 나의 국가관은 한 점 부끄러움이 없으며 그런 내가 이낙연 의원의 유일한 상임고문을 하고 있다는 것을 널리 알리고 싶어서이다.

지금까지 얘기는 이낙연이란 정치인의 진솔한 모습을 국민에게 전하는 데 조금이라도 도움이 되었으면 하는 염원에서며 사심은 없다. 그 부분은 누구나 믿어 주리라고 믿는다. 내게는 우리 국민 모두가 다 함께 잘 사는 소망밖에 없고 그 염원을 이낙연 의원이 이루어 주리라는 믿음이 있기 때문이다.

한 인간의 과거는 고스란히 자기 몸에 지니고 다닌다. 이낙연의 과거가 백지장처럼 하얗다고는 장담을 못 해도 정직과 성실과 신뢰라는 것을 많은 국민들이 알고 있다. 아마 곽상도는 빼고 이명박이나 박근혜나 주승용도 인정할 것이다. 인정하지 않는다면 양심을 속이는 것이다.

양심은 잠시 덮어두고 이해득실에 따라 오락가락하는 것이 정치라고 하지만 도도히 흐르는 강물처럼 변하지 않는 것은 양심이다. 그 변하지 않는 양심과 성실의 소유자인 이낙연의 상임고문임을 자랑으로 여긴다.

LH 투기로 국민의 분노가 폭발 직전이다. 모르고 했을지도 모른다는 건 변창흠의 바보 소리다. 이런 바보 소리가 어디 있는가? 국민이 정치 지도자의 말을 믿어야 한다. 나는 단언한다. 이낙연의 말은 믿어도 된다. 사람 사는 세상을 만들자는 노무현, 사람이 먼저라는 문재인. 모두 함께 잘 사는 세상이 자신의 소망인 이낙연. 이들의 꿈은 반드시 이루어질 것이다. 열쇠는 국민이 쥐고 있다.

정직한 지도자를 선택하자.

# 42 노무현 대통령님, 제 눈물 보시나요

– 저 늙었어요, 얼마 못 살아요

야속하다. 어쩌면 새벽 2시만 되면 칼로 도려내듯 눈이 떠지는가? 바늘로 꿰맬 수도 없는 눈꺼풀이다. 할 수 없다. 글을 쓰자.

누군가 읽기 전에 그럴 것이다. '저 노인네가 누구 욕을 얼마나 할 것인가?' 사실 알 수 없다. 하도 욕할 인간들이 많아서 선택이 어렵기 때문이다. 너무 욕하지 말라. 노 대통령께 맹세코 거짓말은 안 한다.

몇 살 때든가. 한국에 미군이 들어온 뒤 껌이라는 걸 많이 씹었다. 미군 뒤를 쫄쫄 따라다니며 '헬로 기브미 껌'을 외쳤다. 처음엔 제법 잘 주던 미군들이 짠돌이가 되더니 나중에는 '갓 뎀' 하면서 개 쫓듯 주먹질이다. '갓 뎀'이다.

엄마가 마루에서 낮잠을 주무시고 동전 주머니가 보인다. 얼마인가 슬쩍했다. 껌을 사서 신나게 씹었다. 어머니가 나를 보신다.

"너 껌 어디서 났냐?"

아쿠. 걸린다는 생각을 왜 못했을까? 다음 얘기는 말자. 이건 도둑질이다. 나의 최초 범죄행위다. 이 나이가 됐는데도 잊히지 않는다. 아아 그리운 어머니.

### # 정상참작

죄를 짓고 자수를 하면 정상이 참작된다고 한다. 세상에 센 게 판사, 검사, 변호사니 잘 알 거다. 거짓말하는 정치인들은 얼마나 정상을 참작 받고 있을까? 입이 험한 친구의 말은 정치인들은 거짓말 빼면 하루도 못 견딜 것이라고 했다. 천만에 지금 얼마나 잘 지내고 있느냐? 언론도 마찬가지 가짜뉴스다. 상 탈 줄 아는지 가짜를 생산해 낸다. '기레기'라고 한다. 천하에 창피한 노릇인데도 이제는 무사태평이다. 중독이 별거 아니다. 나도 계속 어머니 주머니 손대듯 도둑질 계속했으면 지금 뭐가 됐을까? 끔찍하다.

정말 거짓말 많이 하고 살았다. 집에 들어와 누워 천장을 바라보면 거기 내가 한 거짓말이 좌악 보인다. 정치적 이해득실에 따라 쏟아놓는 거짓말이 태산이다. 지금은 어떤가?

안 하기로 작심을 했다. 입을 닫거나 자리를 피했다. 그렇다고 면죄가 되는가? 아니다. 양심은 용서 못 한다. 주위에 죽어도 거짓말 못 하는 정치인이 있었고 지금도 있다. 무척 존경스럽고 안쓰럽기도 하다.

노무현 의원이 초선일 때 노동위에는 이해찬, 노무현, 이인제 등이 있었다. 노무현 의원이 이광재, 안희정, 이호철, 천호선 등 비서들과 노동 관련 자료들을 정성껏 힘들게 모아 대정부질문 준비를 해 놨는데 그게 사라졌다. 다음 날 같은 노동위의 어느 의원(이름 안 밝혀도 다 안다)이 그 자료로 질문한다. 도둑질이다. 그 의원은 대선 출마까지 했지만 나는 그를 인간대열에서 제외했다.

# 보궐선거! 빨리 이겨 끝내라

여의도 사무실 빌딩에 들어가려다가 '깜놀'했다. 빌딩 전면을 덮다시피 한 홍보 현수막. 꼴도 보기 싫은 이름이 있다.

세상에 거짓말하는 정치인이 하나둘이 아닌데 왜 그 사람만 옴쟁이 대하듯 하느냐면 나름대로 판단한 기준 때문이다. 망가진 도덕성 때문이다.

# 도덕 상실증 "왜 나만 가지고 그래"

정치판에서 유행하던 말이다. 그러나 도둑이 백만 명이라 해도 나쁜 건 나쁜 것이다. 초등학교 꼬맹이들 밥 주는 거 반대하며 시장 자리를 사퇴한 사람이 아무리 세월이 지났다고 해도 어떻게 또 시장에 출마한단 말인가? 이거야말로 안면 몰수다. 아무리 도덕이 오물통에서 뒹군다 해도 그러면 안 된다. 무슨 낯으로 애들 학부모인 어머니 아버지들에게 표를 달라고 한단 말인가? 바로 그 사람 사무실 현수막이 내 사무실 빌딩에 걸려있는 것이다. 선택은 국민이 하는 것이지만 매일 엘리베이터에서 만날 텐데 어쩌나. 얼굴 전체를 가리는 선글라스는 없는가?

또 있다. 자기가 고생할 때 뒷바라지를 하며 오늘의 자신이 있도록 해준 부인과 헤어져 유복하다는 소문에 여성과 재혼을 했다는 어떤 후보. 도무지 도덕성은 어디로 실종을 했는지 찾을 방법이 없을 것 같다. 아무리 정치가 좋다고 해도 애들 밥그릇을 뺏는단 말인가? 아무리 정치와 돈이 좋기로 조강지처를 버린단 말인가? 노무현 대통령에게 여쭙고 싶다.

"노 대통령님. 아이들 급식 금지하고 조강지처 버려야 합니까?"

내가 민주당 이낙연 의원의 상임고문이다. 나는 누구와 처음 인사할 때 고 노무현 대통령께는 죄송하지만, 꼭 고 노무현 대통령후원회장 하던 이기명이라고 소개한다. 내 속셈은 노무현 대통령을 존경하는 국민들 덕을 보자는 것이다. 잘못이라고 생각지도 않으며 당당하다. 내 인생에서 가장 자랑스러운 것이 노무현 대통령후원회장 했다는 것이다.

또한, 이낙연 의원의 상임고문임을 자랑한다. 이낙연 의원에 대해서 알아보고 다시 알아보고 또 확인했다. 얼마 남지 않은 내 수명이 다할 때까지 나는 그를 위해 최선을 다할 것이다. 노무현 대통령을 위하듯 이낙연을 위할 것이다.

"노무현 대통령님. 저 얼마 못 살아요. 좀 도와주세요."

"시민 여러분. 가엾은 노무현 대통령님. 기억해 주세요."

민주당도 잘못한 거 많다. 그러나 이명박, 박근혜처럼 나라 망친 정치는 하지 않았다. 정치는 차선의 선택이다. 최선은 하느님 몫이고 차선이 국민의 몫이다. 민주당이 차선이다.

# 43 왜 정치인을 돕느냐

– 비난을 해도 정치인은 소중하다

이길 줄 알았던 운동경기에서 참패하고 찔찔 짜고 있는 우리들에게 하늘 같은 선배가 한마디 했다.

“경기하는 거 다 봤다. 최선을 다했느냐? 최선을 다하지 않았으면 울지도 마라, 울 자격도 없다.”

70년이 지난 오늘에서도 생각나는 경구다. 지금 우리는 어떤가? 최선을 다하고 있는가? 부끄럽지 않은가? 정부와 여·야 국민 모두에게 하는 소리다. 자신 있는 사람은 손들어 보라.

### # 무슨 할 말이 있는가

당선이 확실하다는 종로를 버리고 부산으로 내려간 노무현을 따라 부산으로 내려갔다. 지역구 언덕배기에 방 하나를 얻어 밥을 해 먹으며 선거운동을 했다. 남편을 보러 부산에 왔던 아내는 내 참혹한 꼴을 보고 울었다.

“무슨 호강을 하려고 이 고생을 하느냐?”

할 말이 없었다. 호강은 무슨 호강, 내 소신일 뿐이다. 그때나 지금이나 내 소신일 뿐이다.

낙선 발표 후 눈물을 뒤로 한 채 차를 몰고 정처 없이 떠났다. 전국 일주를 했다. 우리는 최선을 다했다. 그리고 졌다. 다만 부산 민심이 야속했다. 어쩌면 노무현 같은 사람을 떨어트린단 말인가? 지역감정이라는 게 이런 것인가? 지금까지도 좋은 정치인을 낙선시키는 국민들에 대한 원망은 변함이 없다.

지금 세상은 온통 선거 얘기다. 서울시장 선거와 부산선거다. 선거결과에 따라 정치판이 요동을 칠 것이라고 한다. 그러나 나의 진짜 걱정은 나라의 장래다.

"걱정 마라. 조금 있으면 넌 죽을 테니까 험한 꼴은 안 본다."

입이 험한 친구의 말이다. 나쁜 놈. 내가 죽은 다음에 우리 새끼들은 이 나라에서 안 사느냐? 내 새끼 남의 새끼 가리지 말고 다들 잘 살아야 하는 거 아니냐? 그러나 죽는 것도 마음대로 안 된다. 생목숨 끊는 것은 절대로 하지 말아야 한다. 뒤에 남은 사람의 고통을 생각해야 한다.

**# 윤석열! 정신 차리고 있는가**

윤석열의 지지율이 급등했다. 걱정이다. 윤석열의 처신이 한국 정치판을 복잡하게 만들기 때문이다. 저렇게 올라가는 지지율이 정상이 아니라는 생각 때문이다.

빈 잔에 맥주를 급히 따르면 거품으로 흘러넘친다. 잠시 후 거품이 꺼지면 잔에 반도 채우지 못한다. '고건, 반기문, 박찬종'의 예를 들것도 없이 인간에 대한 평가는 그렇게 간단한 것이 아니다. 죽 끓듯 한다.

윤석열이 인물은 인물이다. 극과 극을 오가는 그에 대한 평가는 혼란스럽다. 개혁의 적임자라고도 하고 개혁의 장애라고도 한다. 행위의 선악을 결과가 결정한다고 했으니 두고 보면 된다. 다만 두고 볼 만큼 한국의 정치 상황이 한가하지가 않다는 것이다.

윤석열은 검찰 총수로서 엄청난 권한을 소유하고 있었다. 자기 믿는 대로 밀어붙였다. 그것이 지지의 비결일지도 모른다. 그러나 그 힘으로 왜 검찰개혁은 하지 않았는가?

지금 검찰과 언론은 국민의 손가락질을 받는 쌍벽이다. 윤석열의 불도저 성격이 개혁에 적임이라고 믿은 국민이 많을 것이다. 어떤가? 만족인가? 실망인가?

수신제가치국평천하修身齊家治國平天下란 말이 있다. 설명이 필요 없을 것이다. 간단히 말해서 내 몸의 때부터 씻으라는 말이다. 윤석열 몸에 때가 많은가? 무슨 말인지 국민들이 너무 잘 알 것이다.

정상적인 정치판이라면 윤석열의 지지는 정상이 아니다. 책임을 져야 할 인물이 지지율 1위라니. 문득 국민이 불쌍하다는 생각이 들면서 정말 국민들이 정신을 바짝 차려야 한다는 생각이다. 기성 정치에 대한 환멸이 바로 이 같은 현상을 불러왔으니 국민이 누굴 원망할 수도 없다. 그런 의미에서 민주당이 져야 할 책임은 막중하다. 물론 국민의힘을 비롯한 야당의 잘못은 더 말할 것도 없다. 하나만 물어보자. 야당이 여당이나 정부가 추진한 정책을 찬성한 것이 몇 개나 되는가? 입이 광주리만 해도 할 말이 없을 것이다.

### # 자부심도 좋지만

6·25를 겪어 본 사람으로 오늘의 발전을 보면 대견하다. 하지만 가장 죽을 쑤고 있는 것이 정치다. 아니라고 할 자신이 있는가? 국민들의 분노도 목까지 차 있다. 천금같이 무거운 방호복을 입고 코로나 19 방역에 땀 흘리는 의료인들을 보라. 국회에서 쌈질할 생각이 어디서 나는가?

흔히 참는 것도 한계가 있다는 말을 한다. 지금 국민의 분노가 그렇다고 생각지 않는가? 아는 의원 한 분은 밖에서 절대 배지를 안 단다. 이유는 알 것이다. 얼마나 자랑스러운 배지인데 안 달고 다니는가? 그 마음 안다. 그래도 국회의원은 소중하다. 법을 만드는 사람이다. 그들이 어떻게 법을 만드느냐에 따라 나라의 운명이 좌우된다. 정신들 차려라.

### # 당 대표 벗어난 이낙연

민주당 당 대표를 물러난 날 이낙연 의원은 오랜만에 잠 좀 잤을 것이다. 나는 이낙연 의원의 초년기자 시절부터 알고 있다. 특히 노무현 대통령이 당선자 시절 대변인을 했기 때문에 더욱 가까이서 지켜볼 수 있었다. '성실'과 '신뢰', '정직'이다.

노무현 대통령의 후원회장을 오래 했고 문재인 대통령 후보 시절 언론 멘토단의 고문을 역임했다. 노무현 대통령도 늘 내게 말씀하시길 '선생님은 사람을 잘 보신다'고 했다. 지금 나는 이낙연 의원 캠프의 상임 고문이다. 내가 어물어물 넘어가는 성격이 아니다. 아닌 것은 아닌 것이다. 나는 그들을 믿고 내 힘을 모두 쏟는다. 이낙연 의원에 대한 믿음 역시 더 말할 필요가 없다. 나는 그가 꿈을 이루는 것을 보고 죽는 것이 내 인생의 마지막 소원이다.

그는 192일간 당 대표직을 수행하는 동안 422건의 법안을 비롯해서 480건의 엄청난 안건을 통과시켰다. 최선을 다했다. 하늘을 나는 재주야 불가능한 것이지만 자신이 할 수 있는 일은 피하지도 않았고 나 역시 보지도 못했다. 그의 신뢰를 한 번도 의심해 본 적이 없다. 그가 남과 대할 때 정겹게 대하는 것 같지 않다고 하지만 전혀 사실이 아니다. 지나치지 않을 뿐이다. 나는 그가 남을 대하는 뜨거운 마음을 너무나 잘 안다. 가슴속 눈물을 안다.

나는 최선을 다할 것이다. 그리고 내 인생의 마지막 정성을 그에게 쏟을 것이다. 정치인은 소중하다. 이낙연은 더욱 소중하다.

"최선을 다하자. 최선을 다하지 못했으면 울지도 말자."

# 44 이 몸이 죽어서 나라가 산다면

## – 왜 죽자고 하는가

옛날을 되살리니 비장했던 당시가 살아난다.

**# 다 같이 죽자**

죽는다는 것은 끝을 의미한다. 부활을 말하지만 그건 살아 있는 사람들이 만들어 낸 말이다.

"이 몸이 죽어서 나라가 산다면, 아아 이슬같이 죽겠노라."

얼마나 비장한가? 누가 이슬처럼 죽어봤는가? 그러나 이슬이 아름다울지는 몰라도 지는 이슬은 끝이다. 죽음이 그렇다. 그래서 비장한 결심을 말할 때 '이슬처럼 진다'고 한다.

또 운동선수 시절 얘기다. 전반전 경기, 왜 이 지경이 됐느냐고 할 정도로 형편없는 경기를 했다. 곧 후반전이 시작된다. 그때 후배 선수의 입에서 뜻밖에 구호가 튀어나왔다.

"죽자!"

가슴이 꽉 막혔다. 승부는 어찌 됐는가? 묻는 자가 어리석다. 이겼다.

# 조국을 위하여 다 함께

독일 〈전몰장병의 수기〉를 읽어보라. 시베리아 얼음벌판에서 러시아군과 싸우다 얼어 죽은 독일 장병의 수기를 모은 기록이다. 독일 귀족의 아들이 쓴 절절한 애국심이 살아 있는 글도 있다. 수기를 읽으면서 애국의 참모습을 느끼며 감동에 젖는다. 애국은 숭고한 것이다. 지금 우리 정치 현장에서도 정치인들의 '뜨거운 애국심?'이 춤을 춘다. 한데 왜 가슴은 얼음처럼 차갑게 얼고 있는가?

시베리아 동토에서 동사한 독일 전몰장병의 수기를 정치인들에게 읽히고 싶다. 여야를 막론하고 정치인들이 수기를 읽으면 아마 흐르는 눈물을 금치 못할 것이다. 그것이 애국심이라는 것을 알 것이다. 이 몸이 죽어서 나라가 산다면, 아아 이슬같이 죽겠노라.

# 자신 있으면 말하라

참으려고 무진 애를 썼다. LH와 국토부가 온 국민의 질타를 받고 이미 LH 고위간부 3명이 목숨을 끊었다. 유서에는 한결같이 국민에게 죄송하다고 했다. 죽음 앞에는 할 말이 없다. 비록 그들 공무원이 자살했다고 해도 국민의 분노는 가라앉지 않는다. 변XX은 무엇을 하고 있는가? 대통령의 눈치를 보고 있는가? 말려 주기를 바라는가?

LH의 땅 투기가 언제 때 일인가? 민심이 썰물처럼 빠져나가는 소리가 들리지 않는가? 청와대 참모들은 대답하라.

청와대 참모들의 머리는 그렇게 아둔한가? 대통령이 사표 내라고 할 때를 기다리는가? 똑똑하고 공부 많이 했다는 청와대 참모들과 정부의 장관들은 국민들 앞에서는 귀 틀어막고 사는가? 책임정치가 뭔지 모르는가?

아니다. 그들은 잘 알고 있다. 그들도 뜨거운 가슴을 지니고 산다는 것을 나는 안다. 그들도 눈물이 있음을 안다. 참고 견디는가? 그래도 할 말은 해야 한다. 여론은 전해야 한다. 사표 낼 각오로 말해야 한다.

"정부는 단호한 의지와 결기로 부동산 적폐 청산 및 투명하고 공정한 부동산 거래질서 확립을 남은 임기 핵심 국정과제로 삼아 강력히 추진하겠다."

수석보좌관 회의에서 대통령이 한 발언이다. 답답하다고 할 정도로 심사숙고하는 대통령의 성격이다. 나는 대통령을 좀 안다고 자부하는 편이다. 결단해야 한다는 것을 대통령은 절감한 것이다. 한다면 반드시 실행하는 대통령이다. 국민의 눈물과 땀이 선물한 촛불을 대통령은 절대 꺼트리지 않을 것이라고 믿는다.

대통령 눈치 보는데 발군인 참모들과 장관들도 대통령과 함께 결심해야 할 것이다. 국민들이 촛불을 들고 청와대 앞에 서면 당신들은 무슨 염치로 국민들을 볼 것인가? 사람이면 못 한다.

# 개혁은 액세서리가 아니다

검찰개혁이란 말은 이제 질리도록 들었다. 자다가도 잠꼬대를 할 것이다. 국민이 외쳐대는 이름을 듣는가? 40대의 젊은 여검사의 이름을 외치는 국민의 소리를 들었을 것이다. 대통령도 들었을 것이다. 대통령에게 간곡하게 호소한다. '사람이 먼저'라는 것을 다시 한 번 말씀드린다.

국민은 절대로 놀라지 않을 것이다. 대통령 잘한다고 뜨겁게 박수를 보낼 것이다.

마이크와 카메라 들고 광화문에 나가 여론을 들어보라. 그것이 민심이다. 국민이 하늘이다. 민심을 따르면 된다.

박범계 법무부 장관은 노무현을 지지하면서 판사직을 사임, 국민을 놀라게 한 정치인 출신 장관이다. 박범계 법무부 장관 역시 다시 한 번 국민이 놀라게 해주길 호소한다.

**# 야당은 제대로 정치투쟁을 해라**

노무현 대통령이 퇴임 후 살기 위해 짓는 주택의 이름을 한국의 대단한 언론이 작명기술을 발휘했다. '아방궁'이다. 아방궁이 무엇인지 잘 알 것이다. 한마디로 정신이상자가 아니면 하지 못할 짓이다. 하물며 한국의 대표적인 언론이라는 것들이 저지른 작태다.

문재인 대통령도 퇴임하면 살 집을 양산에 마련한다. 야당이 경호동을 가지고 시비다. 언론이 찧고 까분다. 그렇게도 할 짓이 없는가? 아무리 야당이라고 해도 최소한의 양식은 보여라. 창피하지도 않던가?

싸워도 당당하게 싸워라. 비겁한 자들은 국민의 지지를 잃는다. 설사 목숨을 바쳐 나라를 살리는 결심은 못 해도 나라를 망치는 정치는 하지 말아야 한다. '하늘'이라고 생각하는 국민들의 충고다. 여야 정치인들은 함께 들어라.

# IV

# 45 서당 개 3년, 분식집 개 3개월

## – 정의는 배우는 게 아니라 본능이다

보고 배운다는 것은 인간만의 재주가 아니다. 멍멍이가 집 마당 아무데서나 쉬를 한다. 이유는 간단. 개구쟁이 막내 녀석이 하는 것을 보고 배운 것이다. 막내 버릇을 고쳐놨더니 멍멍이도 버릇을 고쳤다. 개 버릇 고친 것이다. 라면 집 개 3년에 라면 끓일 줄 안다는 말이 맞는 모양이다.

우리 속담에도 서당 개 3년에 풍월을 읊는다고 했다. 좋은 것만 배운다면 얼마나 좋을까? 그러나 어디 그런가. 요상하게도 인간이나 동물이나 못된 것만 잘도 배운다. 아마 내 글을 좀 읽은 사람들은 짐작할지 모른다. 저 늙은이가 또 정치인 욕을 할 것이라고 말이다. 뭐 욕까지는 아니더라도 칭찬할 수는 없다.

정치하려는 사람들의 첫 번째 꿈은 국회의원이 되는 것이다. 사실 국회의원이라는 게 대단한 것이다. 요즘 보궐선거가 여야를 가릴 것 없이 최고의 관심사다. 왜냐? 서울시장과 부산시장 선거가 얼마나 중요한 것인가? 선거의 승패가 바로 차기 정권의 향배와 깊은 연관이 있다고 여기기 때문이다. 한데 선거의 진행과정을 보면서 진짜 참혹한 심정을 금할 수가 없다.

내가 정치칼럼을 쓰기 때문만도 아니고 여당 후보를 지지하는 사람 때문만도 아니다. 제대로 정신 박힌 사람들과 대화를 하다 보면 거의 같은 생각이다. 정말 투표 제대로 해야 한다고 한다. 이유는 시장은 고사하고 동회장 선거에도 나가면 안 될 사람이기 때문이라는 것이다.

### # 누구를 위한 정치냐

결혼해 살다 보면 함께 살 수 없는 여러 가지 이유를 느끼게 된다. 성격적 차이는 물론이고 그밖에 도저히 평생을 함께할 수 없다고 느낄 수도 있을 것이다. 이혼하는 것이 현명할 것이다. 그러나 사흘 굶어 도둑질하는 것과 잘 먹고 잘살려고 도둑질하는 것은 다르다.

### # 돈 없다고 마누라 버리냐

자신이 교수가 될 때까지 뒷바라지하면서 고생한 조강지처를 버리고 돈 많은 여자와 바람을 피우고 재혼을 한다. 이건 사람이 할 짓이 아니다. 그런 사람이 시장 선거에 출마한다. 그의 주택과 관련된 추문과 비리가 매일 신문에 대서특필 보도된다. 그는 무조건 아니라고 부정한다. 내가 알고 있는 추문도 하나둘이 아니지만 내 입이 부끄러워 말을 안 한다.

수도 서울에 어느 시장 출마자는 시장직 재직 중에 애들 급식을 반대하면서 멀쩡한 시장직을 내던지고 딴짓하다가 이제 다시 시장하겠다면서 경선을 한다고 법석을 떠니 아무리 정치인의 처신이 엉망이라 해도 서울시민의 한 사람으로서 보통 난감한 일이 아니다. 더구나 그는 MB 정부 때 그린벨트 재개발을 추진하여 사익을 추구했다. 그런 사람이 그동안 얼마나 새사람이 됐는지 모르겠지만 계속 드러나는 비리를 보니 차라리 기대는 포기하는 것이 좋을 것 같다. 못된 짓도 어쩌면 그렇게도 많이 했단 말인가?

비난하고 싶어서가 아니라 온전한 정신을 가진 정상적인 사람으로서는 도저히 이해할 수가 없다. 하기야 또 어떤 후보는 정신병자라는 소리까지 듣는 판국이 됐으니 정치가 이렇게 타락해도 되는지 소름이 돋는다.

언론 비평지 '미디어오늘'의 '기자 수첩'을 보면 부산시장에 출마한 후보가 이명박 정권 청와대 홍보기획관을 지낸 때를 '방송계의 암흑기'라고 했다. 너무나 끔찍해서 여기에 옮기기도 무섭다.

# 당선되면 나라가 낙선하면 집안이 망한다

내 초등학교 친구 아버지가 출마했을 때 어린 친구 녀석이 한 말이다. 한때 정치판에 회자되던 말이었다.

내가 너무 정치인들을 폄하한다고 비난을 많이 받는다. 미안하기도 하고 할 말 했다는 자부심도 있다. 300명의 의원 중에 언론에 오르내리는 의원은 소수다. 드러나지 않는 많은 의원들이 훨씬 많고 그들이 하는 좋은 일도 많다. 그러나 영향력 좀 있다는 의원들의 행태는 보도된 그대로 참혹하다. 그들도 국회의원이 되기 전에는 좋은 의원이 되겠다고 맹세를 했을 것이다. 하지만 배운 것이 무엇인가? 도둑질은 가르치지 않아도 배우기가 쉽다. 견물생심 바로 그거다. 국회에 들어와 배우는 못된 짓들은 이제 국민이 신물을 낸다.

# 제대로 된 시장을 뽑자

각 정당들은 이해득실에 따라 자기 후보들에게 후한 점수를 준다. 그건 좋다. 그렇게 해라. 그러나 국민들은 다르다. 진짜 가짜 온갖 보도를 통해서 후보들은 검증됐고 유권자들은 판단을 내렸을 것이다.

그동안 어느 정당이, 어느 인간이 어떤 짓을 했는지 알 것이다. 그럼 결론은 난 것이 아닌가.

도둑도 도둑질하는 그 순간은 양심이 반짝 살아난다고 한다. 국민들이여. 누가 나라를 위해 일을 할 후보인가? 냉정하게 판단하자.

# 46 좋은 시장(과일) 고르기

## – 잘 보면 좋은 과일 보인다

과일을 사려고 시장에 가면 난감할 때가 있다. 주인이 집어 주는 대로 받으면 간단하지만, 마음에 안 들면 직접 골라야 하는데 어떤 것이 좋은지 알 수가 없다. 이럴 때 생각나는 것이 보기 좋은 떡이 먹기도 좋다는 말이지만 쉰 떡도 보기에는 아무 이상이 없다.

잘 살펴야 한다. 흠집은 없는가? 과일 꼭지는 붙어있는가? 이리 보고 저리 보고 고르고 골라서 집에 와서 풀어놓으면 기분이 좋은 아내는 환한 얼굴로 과일을 깎는다.

한데, 아내의 얼굴이 변한다. 왜 변했는가? 과일의 속이 상한 것이다. 할 말이 없다. 과일 하나도 제대로 못 고르느냐는 표정이지만 무슨 할 말이 있는가? 구박으로 배가 부르다. 버리는 수밖에 없다. 썩은 과일이야 버리면 그만이지만 버리지도 못하는 것이 있다. 사람이다.

구구하게 웬 말이 그리 많은가? 선거 때문이다. 지금 서울과 부산시장 선거에 국민의 관심이 쏠려 있다. 누가 되든 우리와 무슨 상관이 있느냐는 국민도 있지만, 관심을 버릴 수가 없다. 정치를 국민이 버리면 정치는 더욱 나빠질 수밖에 없기 때문이다. 관심을 두고 지켜야 한다.

### # 서울시장이 얼마나 중요한가

민주당 서울시장 후보는 박영선이다. 박영선에 관해 설명하면 잔소리가 될 정도로 그는 유명인이다. 나와는 언론계라는 말 많은 동네에서 인연도 있고 아들이 MBC 기자였기 때문에 좀 더 잘 알 수 있었다. 노무현 대통령이 당선된 직후 내게 단독인터뷰 주선을 요청한 것도 박영선 기자가 유일했다. 그처럼 당찬 기자이기도 했다. 오랜 기자 생활과 의원생활. 그리고 장관을 하면서 그의 경륜은 이미 평가가 났다고 믿는다. 맺고 끊는 게 분명한 박영선은 까다로운 듯하지만 치밀한 기획과 한번 결정하면 칼 같은 실행력을 평가받는다.

내가 민주당 권리당원이고 이낙연 의원의 상임고문이기에 박영선 후보를 지지하는 것이 당연한 것으로 알겠지만 그를 지지하는 것은 반드시 그런 의미만이 아니다. 깜이 아니면 나는 절대로 지지하지 않는다. 나는 그가 걸어온 언론인으로서의 길과 정치인으로서의 신념과 철학을 지지하는 것이다.

내 나이 올해 80을 껑충 뛰어넘었다. 당장 죽어도 여한이 없을 만큼 오래 살았다. 나는 우리나라 언론인 중 남녀노소를 막론하고 가장 정치 칼럼을 많이 쓰고 있는 사람이다. 외람되지만 거짓말 안 하는 칼럼으로 인정받는다고 자부한다.

나는 서울에서만 수백 년을 살아온 종로 토박이 집안 출신이다. 수도 서울의 문제점도 잘 알고 박영선 후보와 대화를 하면서 그가 서울의 문제를 정확하게 진단하고 있음도 알고 있다. 김진애 후보도 능력 있고 역시 잘 알고 친하다.

내가 지금껏 쓴 칼럼의 평가야 독자의 몫이지만 못된 글을 쓴 것은 노무현후원회장 이전이고 못된 글 쓴 사과는 손바닥이 닳도록 빌고 또 빌었다. 지금 내 이름만 들어도 이를 가는 야당 정치인들이 많고 조·중·동 역시 같다. 그러나 그들이 아무리 나를 미워해도 나는 꿈쩍 않는다.

# 내가 지지한 후보는

늙은이의 오만이라고 욕하지 마라. 언제부터인가 내가 지지하는 후보는 당선된다는 소문이 돌았다. 전혀 근거는 없다. 다만 내가 지지하는 후보는 나름대로 평소에 면밀히 분석하고 평가하고 결론을 내린다.

웃기는 얘기지만 한나라당 의원이 내게 후원회장을 해 달라고 한 적도 있었다. 나는 노무현 대통령후원회장으로 어떤 이익을 본 적이 없다. 어떤 벼슬도 한 적이 없다. 심지어 노무현 대통령은 내게 하고 싶은 거 없느냐고 물을 정도였다.

난 능력이 없다. 누구를 도울 수는 있을지 몰라도 내가 뭘 할 수 있는 능력은 없다. 대통령도 그걸 인정했다. 천생 죽을 때까지 글이나 쓸 행복한 팔자다. 내가 지지한 후보가 부정과 연관된 것이 없다. 박영선 후보가 MBC 경제부장 당시 차장을 하던 내 아들도 그런 기억을 갖고 있지 않다.

박영선 후보의 선거캠프를 방문했을 때 낯익은 얼굴들이 보였다. 그 옛날 노무현 대통령 선거 때 도움을 주던 노사모 회원들이었다. 눈물이

났다. 아아 역시 우리 노사모는 변함이 없구나. 정말 고마웠다. 박영선 후보는 최선을 다할 것이다. 김영춘 후보에 대해서도 쓸 것이다. 6·25 때 피난 가서 신세 진 고마운 부산이다. 오거돈 시장의 과오를 만회하기 위해서도 김영춘 후보는 목숨을 걸고 잘할 것이라도 믿는다.

선거는 결과를 봐야 한다. 최선을 다하며 조용한 마음으로 기다리자.

# 47 평양감사도 저 싫으면

## – 정치는 총장 복 벗고 해야지

* 이 칼럼은 윤석열 전 검찰총장이 사의 표명을 할 줄 모르고 글을 쓰다가 사퇴 소식을 접하고 바로 쓰기를 멈춰 이상하게 된 글이다. 양해 바란다.

### # 옷 벗고 정치

우리 조상님들의 해학을 들으면 절로 무릎을 치게 된다. 감탄을 일일이 소개할 수가 없을 지경이다.

'늙은이 죽고 싶다', '노처녀 시집가기 싫다' 말짱 거짓말이다.

나도 늙었다. 대답이 듣고 싶은가? 때로는 죽고 싶을 때도 있지만, 순리를 따라 산다. 순리를 받아들이면 탈이 없다. 모두에게 교훈이다.

### # 평양 감사도 저 싫으면

윤석열이 큼지막하게 언론을 누볐다. 언론마다 한마디씩이다.

윤석열은 언론 인터뷰에서 중수청(중대범죄수사청) 추진에 대해 '힘 있는 세력의 치외법권을 제공하는 것'이라며 '직을 걸어 막을 수 있는 일이라면 100번이라도 걸겠다'고 말했다. 직을 건다는 말은 목을 내놓는다는 말이다. 검찰총장 던져도 좋다는 말로 들린다. 비장한 각오다. 용기가 가상하다.

조선 시대에는 평양감사 하면 최고로 알아줬다고 한다. 한데 그런 평양감사를 그만둔다는 것이다. 무슨 절박한 사정이 있는가? 싫어서 안 한다는데 어쩔 거야?

당나귀를 강가에는 끌고 갈 수는 있으나 억지로 물을 먹일 수는 없지 않은가?

**# 사표는 주머니 속에 있는가**

윤석열의 발언 직후 우리 늙은 친구들과의 대화다.

"이제 4개월 남은 총장 자리, 목을 건다는 게 웃기는 얘기 아닌가?"

"지금까지 목 내놔야 할 일이 하나둘이었나. 마누라, 장모 관련 의혹 입 싹 씻어 뭉개고 측근님들 잘도 챙기시고."

"인사청문회 때 수사·기소 분리가 매우 바람직한 방향이라고 찬성하시지 않았나."

"그때는 검찰총장 하고 싶어서 찬성하고, 이제는 직을 걸고 반대한다고 하면 그 사람 진심과 진정성이 때와 장소에 따라 왔다 갔다 하는 거 아닌가."

나온 얘기는 많지만 그만하자.

어쨌거나 그는 공개된 장소에서 언론을 향해 목을 100개라도 걸겠다는 결의를 다졌다. 듣는 국민에 따라서는 눈물이 나도록 감동적인 결의다. 그가 대구에 갔을 때는 지지자들이 난리를 쳤다. 대구시장은 꽃다발을 안겼다.

다음 총선에 대구에서 출마한다면 당선은 따놓은 당상일 것이다. 그의 눈에 국회의원 정도는 눈에 절반도 차지 않을 것이다. 눈앞에서 오락가락하는 것은 다른 것이겠지. 나를 아는 친구들은 내가 윤석열을 얼마나 끔찍하게 생각했는지 잘 알 것이다.

"나는 사람에게 충성하지 않는다"라는 말 한마디에 뽕 가서 완전히 광팬이 되어 버렸다. 다동 음식점에서 혼자 냉면 먹는 걸 보고 냉면값을 내줄 생각까지 할 정도였는데 이제 정말 아니올시다. 내 눈이 그렇게 사람을 잘못 보는가?

**# 정치는 옷 벗고 해라**

아마 많이 참았을 것이다. 윤석열이 연출하는 일련의 행위에 대해서 국민들은 무슨 생각을 하고 있을까? 국민들은 그가 정치를 지저분하게 한다고 생각할 것이다. 우리 정치가 원래 지저분하니까 도리가 없지만 사실 정치도 깨끗이 하면 구경할 만한 것이다. 총리가 한마디 시원하게 했다. 정치하려면 옷 벗고 하라는 것이다. 옷을 벗으라니 빤스만 입으라는 말인가?

어느 운동이든 걸맞은 옷이 있다. 유도복 입고 수영하면 안 된다. 그렇다면 정치는 어떤 옷을 입고 해야 하는가? 특별한 옷은 없다. 정치 의상은 마음속에 있다. 신뢰와 겸손이다. 이해하겠는가? 이해 못 한다면 정치 단념해야 한다. 정치 해 봐야 국민들 속만 병들게 할 것이다.

윤석열에게 어느 기자가 물었다. 앞으로 정치할 것이냐고. 당연히 4개월 후 퇴직하면 하겠다는 대답이 나올 줄 알았다. 내 생각이 잘못됐는가? 한데 대답은 '깜놀'이다. '아직은 말할 때가 안 됐다'였다. 말은 알아듣게 해야 한다. 내가 그렇게 바보도 아닌데 도무지 이해가 안 된다. 지금 하고 있는 건 정치가 아니고 뭔가. 애들 장난인가? 충고다. 정직해라.

그가 대구에서 한 발언을 들어보자.

"대구는 내가 좌천당했을 때 근무했다. 늘 따뜻하게 대해줘서 고향 같다."

신세 졌으면 고맙게 생각해야지. 그러나 윤석열의 대구 발언은 정치다. 대구 시민들이 만세를 부르고 박수를 치고 난리가 났다. 대단한 인기다. 인간은 착각의 동물이고 특히 정치인들은 그렇다.

그렇다. 난 그를 정치인으로 보는 것이다. 윤석열이 정치할 것이냐 아니냐 내기를 해도 좋다. 무슨 내기냐? 윤석열식으로 직을 걸었으면 좋겠지만 난 직이 없다. 좌우간 그는 정치를 할 것이다.

### # 중수청 반대, 명분이 있는가?

법조계에는 아는 사람들이 좀 있다. 그중에는 검찰 출신도 있다. 만나면 자연히 정치 얘기를 많이 하게 된다. 검찰 출신들은 되도록 검찰 얘기를 안 하려고 든다. 왜일까? 다들 알 것이다. 솔직히 내 생각도 그렇다. 욕을 해도 좋지만 많은 국민들의 생각은 나와 비슷할 것이다.

결과가 어떻게 나올지 모르지만, 개혁의 바람은 불고 있다. 그중에 대표적인 개혁의 대상이 검찰과 언론이다. 지금 윤석열과 국민 간의 갈등도 따지고 보면 검찰개혁이 중심에 있으며 윤 총장이 검찰개혁의 방해자로 국민들에게 인식되어 있다고 해도 틀렸다는 국민이 별로 없을 것 같다.

검찰이 가진 수사권과 기소권의 독점. 한마디로 엿장수 가위질이다. 표현이 천박한가? 좋은 표현이 있으면 좀 빌려주기 바란다.

이 엄청난 권력을 놓지 않으려는 검찰의 몸부림이 검찰개혁의 걸림돌이 되고 있다. 정치라는 것은 살아있는 생물이라고 한다. 어떻게 변할 것인지는 누가 안단 말인가?

잠깐 바로 이 순간이다. 정신이 아찔하다. 윤석열이 그만둔단다. 칼럼은 여기서 스톱이다.

**# 윤석열 사표 수리**

윤석열의 사표가 수리됐다. 후임도 결정됐다. 윤석열도 이제 마음 놓고 정치를 해라. 오매불망하던 꿈도 키워보라. 국민이 하늘이다.

# 48 그때 부산, 그 날 광주

## – 그 날의 감격이 다시 오길

### # 그때 부산이 그립다

부산 '조방' 앞에 길은 넓었다. 그 넓은 길을 꽉 메운 물결. 시위대였다. 민주화를 외치는 뜨거운 함성이 울려 퍼졌다. 부산시민 전부가 아닌가 할 정도인 시위대의 물결, 전경들이 앞을 가로막았다. 팽팽한 긴장이 폭발 직전이다. 시위대와 전경의 거리가 좁아진다.

이윽고 전경이 최루탄을 무차별 발사했다. 그리고 시위대를 향해 몰려오는 전경들, 순간 시위대가 술렁대더니 무너지기 시작한다. 걷잡을 수 없었다. 시위대는 흩어졌다. 그때 시위대가 사라진 조방 앞 넓은 길에 한 사나이가 혼자 우뚝 서 있었다. 그게 누구냐? 노무현이다.

아아 노무현, 우뚝 선 조그만 체구 그러나 바위처럼 크게 보였다. 숨어 있던 시위대들이 쏟아져 나와 노무현을 에워쌌다. 노무현을 보호하려는 것이다. 몰려오던 전경의 물결이 멈췄다. 전경들이 후퇴했다.

후일담 한 토막, 시위가 끝나고 시위에 참여했던 민주인사들의 뒷얘기

"쪽팔려 못 살겠다. 명색이 야당대표인 나를 보호하는 놈들은 하나도 없는데 노무현을 보호하려고 몰려드는 놈들은 버글버글, 솔직히 노무현

이 부럽다."

고백의 주인공은 이기택 당수였다.

# 그날의 광주 경선대회

2002년 3월 16일 광주는 술렁댔다. 민주당 경선대회가 있기 때문이다. 승자 예측은 한화갑이다. 호남의 중진이자 동교동의 핵심이다. 후보들의 연설 후 투표가 끝났다. 감표 중에 한화갑 캠프의 분위기가 술렁인다. 이윽고 개표 결과 발표

"1위, 노무현!"

와아! 장내를 뒤엎는 함성, 내 머리는 공백이 되었다. 노무현 권양숙 부부가 무대에 올라 큰절을 올렸다. 그 옆에 엎드려 절하는 내 눈에선 뜨거운 눈물이 펑펑 쏟아졌다. 강처럼 흘렀다. 아아 위대한 광주, 광주는 위대하다.

# 그때가 다시 보고 싶다

어느 누가 민주주의를 싫어하랴? 국민이 주인 되는 나라를 누가 거부하랴? 군부독재와 탄핵으로 쫓겨 난 두 명의 대통령을 겪은 우리가 오매불망 그리워하는 것은 국민이 주인 되는 나라다. 기레기라 불리는 언론이 전하는 보도를 보면서 거짓말인 줄 알면서도 국민은 화가 난다. 저 거짓말들이 언론이라는 화장을 하고 국민을 속인다.

명색이 정당의 시장 후보라는 자들이 걸어온 행적을 보면 이건 전문

사기꾼들보다 더욱 심각하다. 도대체 국민을 뭐로 보기에 빤한 거짓말을 저렇게 늘어놓는단 말인가? 무상급식에 거부권을 행사하겠다고 시장직을 사퇴했던 오늘의 야당 서울시장 후보는 지금 그런 말을 한 적이 없다고 우긴다.

거짓말을 일일이 나열조차 할 수 없을 정도인 후보를 어쩐단 말인가? 또 다른 야당 후보는 어쩌란 말인가? 세상이 다 알고 있는 거짓말을 밝은 대낮에 해야 한단 말인가?

"이렇게 큰 입시부정은 처음이다."

미대 교수의 발언이다. 부산에 야당 후보 부인은 딸의 홍대 미대 입학에 청탁했고 아들과 딸은 엘시티 특혜분양에 관련됐다. 언제까지 깔아뭉갤 거냐? 정직해라. 제발 정직해라. 정직해서 벼락 맞은 인간 없었다.

**# 노무현에게 배워라**

장인의 사상을 문제 삼는 이인제 후보를 정면에서 질타한 노무현.

"장인 사상 문제로 사랑하는 아내를 버리란 말이냐."

이 한마디로 이인재는 사라졌다. 노무현의 강연을 듣던 여성당원들은 눈물을 닦았다. 이인재를 질타하던 노무현 후보가 그리운 것은 오늘의 야당 정치인이 너무나 추하기 때문이다. 그렇게 용기가 없고 배짱이 없단 말이냐? 야당의 부산 후보에게 묻는 말이다.

부산의 자존심을 생각해 주기 바란다. 오거돈이 잘못했고 박원순도 잘못했다. 그러나 지금 서울, 부산은 위기다. 위기를 극복해야 한다.

부산은 한때 광주와 더불어 민주화의 발원지로 가슴을 펴고 살았다. 지금 매일 대서특필되는 야당 후보의 추악한 과거와 현재를 보면서 할 말이 없느냐?

현재는 기록되고 역사로서 영원히 존재한다. 부산의 민주주의 역사를 소상히 알고 있는 나로서는 어쩌다가 부산이 저런 사람을 야당 후보로 낼 수밖에 없었는지 안타까움을 금할 수 없다.

지금 나는 조방 앞 대로에 앉아 전경과 대치하던 노무현을 생각한다. 부산시민들은 노무현이 그립지 않은가? 왜 그립지 않을쏘냐? 그립다면 행동해라.

이제 세상과 이별할 날도 얼마 남지 않은 나는 지금도 그때를 생각하면 가슴이 뛴다. 새삼스럽게 노무현이 그립다. 부산이여. 다시 일어나라. 노무현의 넋이 지켜보고 있다.

# 49 그래도 씨는 뿌려야 한다

## – 싹을 키워야 열매를 딴다

요즘 미얀마의 비극적인 항쟁 모습을 보면서 우리의 5·18을 떠올린다. 총탄에 쓰러지며 그들이 바라는 희망은 우리와 같다. 민주주의와 자유다.

아무리 가뭄이 심해도 농민들은 씨를 뿌린다. 농민들이 뿌리는 것은 단순한 씨앗이 아니라 희망이다.

희망은 동력의 원천이다. 이승만 박정희 전두환 독재 시절. 저 지독한 탄압 속에서도 우리 국민은 치열하게 투쟁했고 그 과정에서 수도 없이 귀한 목숨을 잃었다.

### # 갈 길은 아직 멀고 멀다

솔직하게 털어놓는다. 우리가 갈 길에서 가장 장애가 되는 것은 무엇인가? 다들 잘 알 것이다. 언론과 검찰이다. 구구하게 이유를 밝혀야 하는가?

검찰개혁에 가장 큰 장애라고 국민들이 생각하는 인물이 사라졌다. 지금 무슨 생각을 하는지는 알 수가 없지만, 다음에 다시 등장할 때는 그야말로 '나는 사람을 위해서 충성하지 않는다'는 초심인지 아닌지는 몰라도 내가 믿고 있던 그때의 사람으로 돌아왔으면 좋겠다. 그저 기도하는 방법밖에 없다.

똑똑하기로 둘째가라면 서러워할 검사들이 왜 저토록 욕을 먹고 개혁 대상의 중심으로 지목을 받는가? 이유를 설명하면 치사하다. 중수처 설치를 목을 내놓고 반대하는 이유 역시 모르는 국민은 없다. 반드시 만들어야 한다. 수사, 기소 양손에 들고 흔드는 검찰이 세상천지에 어디 있단 말인가? 이제 검찰도 상식을 찾기를 바란다.

# 개혁과 언론

개혁에 또 다른 중심은 언론이다. 언론개혁 얘기만 나오면 또냐고 웃을 것이다. 어떤가? 이제는 부끄러움조차 느끼지 못하는가? 언론이 제대로 정신만 차리면 검찰이 어디서 맘대로 국정을 농락하는가? 더 말하고 싶지도 않은 것이 국민의 마음이다. 제발 사람 노릇 좀 해라.

갈 길이 너무 멀다. 국민도 이제 너무 지쳤다. 촛불을 들기도 창피하다. 이제 들어야 할 것은 몽둥이다. 몽둥이를 들고 국회로 쳐들어가면 어쩔 것인가? 계엄령을 내릴 것인가? 군인들이 총 들고 국회문 지키는 것을 보고 싶은가?

국회를 바라고 있다가는 될 일도 안 된다는 말이 있다. 이제 민주당이 마음만 먹고 법으로 제정하는 것이라면 '코끼리를 강아지로 만드는 것'도 할 수 있는 막강한 힘이 있다. 믿는가? 그냥 웃어주자. 이러다가 야당이 예뻐서가 아니라 민주당이 미워서 표 찍어주지 않을 것 같다. 국민 감정이 그렇다.

LH공사인지 도깨비방망인지 하는 자들이 저지른 부정을 두 눈 뜨고 어떻게 보란 말인가? 서울시장 부산시장 선거에서 패배하면 뭐라고 하면서 계속해서 집권하겠다고 할 것인가?

# 사람은 열 번 바뀐다

못된 인간도 잘못을 참회하면 새사람이 될 수 있다. 그래서 교도소라고 하지 않는가? 지금 이런저런 선거에서 후보자로 나오는 인산들의 전력을 보면 참으로 기도 안 찬다. '전과 몇 범, 성범죄, 사기' 차마 입으로 옮기지 못할 파렴치범들이 있다. 하기야 이런 자들이 현직에서도 당당하게 근무한다.

그래도 좋다. 바뀌면 된다. 그러나 국민의 선택은 냉정해야 한다. 취직할 때 왜 이력서를 쓰는가? 과거에 무슨 짓을 했는지 알자는 것이다. 이거 아주 중요하다. 배운 도둑질이라고 하지 않던가? 적어도 국민의 공복으로 봉사해야 할 인간들이라면 전과는 없어야 할 것이다.

국민이 씨를 뿌려야 할 시기는 계속된다. 정신 바짝 차리자. 찍어놓고 아무리 땅을 쳐도 소용이 없다. 뿌린 씨를 다시 파낼 것인가?

달걀 던질 생각 말고 투표 제대로 하는 것이 훨씬 현명한 일이다. 씨만 제대로 뿌리고 정성껏 가꾸면 풍성한 수확은 반드시 거둘 수 있음을 명심해라.

# 50 언론, 징벌적 손해배상

– 세상에 이런 일도 있다

떡국을 먹었다. 아무도 오지 못하게 했으니 아내와 단둘이서 설 떡국을 먹었다. 난생처음 있는 일이다. 차례도 못 지냈다. 자식 노릇도 못했다. 슬프다.

글을 쓰려니 어부인께서 하시는 말씀이 "오늘 하루 쉬면 어디가 덧나냐" 꾸중이시다. 할 말 없지만 한두 번 들은 꾸중이냐? 쓰기 시작했다. 그만큼 언론징벌문제는 중요한 것이다.

**# 언론! 징벌적 손해배상에 포함**

1950년대 말 '조셉 페브니' 감독의 〈천의 얼굴을 가진 사나이〉라는 영화를 봤다. '제임스 캬그니' 주연이다. 영화 얘기를 하려는 것이 아니다. 한국에서도 천의 얼굴을 가진 존재는 있다. 배우가 아니다. 궁금하신가? 언론이다.

우리는 하루라도 언론을 대하지 않으면 살 수가 없다. 귀가 있어도 듣지 못하고 눈이 있어도 보지 못한다. 언론이라는 매체를 통해서 세상을 알 수 있다. 언론이 인간을 바보로도 만들고 현자로도 만든다. 나쁘게 말한다면 언론은 사람을 데리고 논다고 해도 할 말이 없다. 특히 정치에서 그렇다.

이승만 박정희 전두환 시대에 우리 국민은 어떻게 살았는가? 바보처럼 살았다며 자괴감에 빠지는 국민들이다. 그런가 하면 그때가 좋았다고 하는 사람도 있다. 누군지 다들 알 것이다. 가치판단의 기준은 자신이라고 난 믿는다. 그것이 옳든지 틀리든지 말이다. 다만 세월이 흐른 다음에 역사가 평가한다.

언론이 왜 필요한지 설명한다면 바보다. 언론 없는 세상을 상상해 보라. 눈을 뜨고 밤길을 걷는 것과 같다. 이럴 때 불을 밝혀주는 것이 언론이다. 기자다. 기자는 언론이라는 불을 켜고 사람이 갈 길을 인도한다. 이때 기자가 실수든 고의든 불을 꺼 버린다면 어떻게 되는가? 상상조차 두렵다.

### # 왜 징벌적 손해배상을 언론이?

왜 언론을 '징벌적 손해배상'에 포함하느냐고 일부 언론이 따진다. 부끄럽지 않은가? 아니라면 '징벌이나 받으면서 그렇게 살고 싶으냐'고 하는 수밖에 없다. 나이 먹은 게 자랑일 것은 없지만, 언론이 가진 온갖 잘잘못을 모두 체험한 나는 말을 할 수가 있다. 언론도 내 말을 이해할 것이다.

언론이 모두 일어서 언론 민주화를 외칠 때 조·중·동도 함께 했다. 그런데 왜 그렇게 달라졌는가? 달라진 것이 없다고 하면 바로 그런 인식이 언론개혁이 필요한 이유다. 조·중·동이 반민주 언론이 아니라고 반박할 용기가 있는가? 있으면 나하고 토론 한 판 붙자. 용기에 뜨거운 박수가 쏟아질 것이다.

여론조사를 보겠는가? 지난 9일 '오마이뉴스'가 리얼미터에 의뢰해 실시한 여론조사(전국 만 18살 이상 500명, 신뢰 수준 95%에 표본오차 ±4.4%포인트) 결과를 보면 언론까지 징벌적 손해배상제를 적용해야 한다는 응답이 61.8%, 반대가 29.4%였다. 할 말 있는가?

**# 국민이 옳다면 옳은 것**

민주당 최고회의에서 민주당 이낙연 대표가 분명하게 한 말이다.

"민주주의에서 표현의 자유는 중요한 가치지만 고의적 가짜뉴스와 악의적 허위정보는 명백한 폭력이다. 표현의 자유로 보호받을 영역이 아니다."

"언론개혁법안들은 피해자를 구제하기 위한 미디어 민생법이자 국민의 권리와 명예, 사회의 신뢰와 안전을 보호하는 최소한의 장치다."

언론 자신도 '징벌적 손해배상제'를 적용해야 한다는 여론이 찬성 61.8%, 반대 29.4%였음을 다시 한 번 강조하는 것은 그만큼 언론이 중요하기 때문이다.

이제 '징벌적 손해배상제'가 돌아갈 수 없는 절벽 위에 서 있다. 언론이 바로 설 마지막 기회다. 한데 거짓말이겠지만 징벌보상액이 1,500만 원이란 소문이 있다. 애들 장난하는 건가? 등줄기가 휘도록 보상을 매겨야 한다.

'징벌적 손해배상제'를 반대하는 세력을 모두 안다. 가짜뉴스를 생산해서 재미를 보는 일부 유튜버들과 역시 지역주의에 편승한 반민주 세력들이다.

선택의 여지도 없다. 이제 언론은 당당한 모습으로 다시 태어나야 한다. '기레기'란 오명은 진짜 기러기 등에 실어 멀리멀리 날려 보내야 한다. 자유당 시절 동아일보 기자들이 대포집에 가면 청년들이 존경의 뜻으로 술잔을 권했다. 지금 어디 가서 조·중·동 기자란 이름으로 술 한잔 대접받는가? 그들도 가슴이 아플 것이다. 스스로 똑똑하다고 자부하는 기자들이다.

인간이 왜 짐승들과 구분이 되는가? 부끄러움을 알기 때문이다. 이제 가슴을 펴고 존경받는 기자가 되어 거리를 활보하며 살아 보자. 정월 초하루, 두 손을 모으며 쓴 칼럼이다.

# 51 후회 없는 삶을 위해

## – 이렇게 살다가 떠나련다

노무현 대통령이 생존해 계실 때 내가 책을 내면서 받은 제목이 『상식이 통하는 사회를 위하여』다. 이 제목을 주시면서 어떠냐는 표정이시다.

"제목값은 없습니다."

말씀드리면서 함께 웃었다.

### # 글이 사납다

얼마 전 이낙연 대표로부터 문자를 받았다. 짧은 한마디.

"요즘 선생님 글이 무서워요. 너무 거칠어지지 마세요."

사실이다. 너무 거칠다. 왜 이 지경이 됐는가? 설명하지 않아도 다들 알 것이다. 상식적인 생각을 지닌 사람이라면 화가 나지 않고는 배기지 못할 것이다. 코로나 19가 물러갈 줄 모르고 이젠 국민의 마음까지 황폐하게 만들었다.

보이지도 않는 귀신같은 '코로나 19'와 싸우고 있는 의료인들을 보면 눈물이 난다. 무거운 방호복을 입은 간호사들의 지친 모습을 보면 '코로나 19'란 놈에게 화가 치밀고 방역지침을 지키지 않는 일부 인간들에게도 화가 난다.

# 좋은 정치인도 국민이 도와야만

노무현후원회장을 맡은 이후 나는 최선을 다해 그를 도왔다. 난 그의 후원회장이었다는 사실을 평생의 영광으로 알고 산다. 난 한번 결정하면 최선을 다한다. 후원회장을 한 이후 방송작가인 나는 드라마 집필을 포기했다. 내 성격을 아는 아내도 이해했다.

지지율 2%의 가난한 농촌 출신 고졸 정치인, 노무현에게 영남이란 지역적 장애는 운명적이었다. 당에서도 그는 외로웠다. 그러나 최선을 다했다. 그에게는 정의로운 동지들이 있었다.

이호철, 이광재, 안희정, 천호선 등 일당백의 청년 동지들. 그리고 정의가 살아 있음을 가슴으로 느끼며 뜨겁게 살아가는 대한민국의 민주시민들, 우리에게는 희망이 있었고 희망의 불꽃은 활활 타오르고 있었다.

# 감동은 힘이고 지지다

내 얘기를 해야겠다. 경험은 교훈이다. 배울 것은 배워야 한다. 당의 선거였다. 노무현 의원도 출마했다. 모두들 가망이 없다고 했다. 밤낮을 뛰었다. 길도 잘 모르는 전남의 어느 농촌. 날은 어두워 오고 길은 잘 모르고 물어물어 노무현 지지를 부탁했다. 깜짝 놀랐다. 내 손을 꼭 잡았다.

"오시지 않아도 되는데."

악수하는 손이 떨렸다. 나는 혼자만 다녔다. 선거 날이 왔다. 전날 밤 나는 대의원들에게 나눠 줄 편지를 썼다. 복사한 편지를 우리 운동원이 입장하는 대의원들에게 나누어 줬다. 대의원들의 반응을 살폈다. 여성 대의원들의 얼굴이 심각했다. 눈물을 흘리는 대의원도 있었다. 개표 발표, 노무현 최고위원 당선, 대회장이 벌컥 뒤집혔다.

### # 진실은 철벽도 뚫는다

내가 쓴 편지에는 노무현의 삶이 담겨 있었다. 고구마만 먹고 학교에 가야 하는 가난, 면서기가 소원이었던 소년 노무현, 마을에서 가장 힘센 나쁜 녀석과 며칠을 두고 싸워 결국 항복을 받아 낸 노무현, 이승만 대통령 찬양 글짓기에 백지동맹을 주도한 노무현, 어느 여성당원은 울면서 편지를 읽었다고 고백했다.

진실의 힘은 무섭다. 노무현이 삶이 진실이었다. 국민들이 모르는 노무현의 삶을 알기만 하면 사람들은 노무현을 지지했다. 어떻게 알리느냐가 문제다. 진실을 꾸밈없이 그대로 전달하면 되는 것이다. 그것이 내가 할 일이었다.

이낙연, 총리지명을 받고 서울로 올라오는 아침 8시 KTX 열차에서 내게 전화를 했다. 총리 취임 후 처음 만났을 때 그가 한 말은 간단했다. '지켜보고 조언을 해달라' 그뿐이었다. 지금까지 나는 최선을 다한다.

국민의 가슴속에는 누구를 막론하고 나라를 사랑하는 마음이 있다고 믿는다. 그 마음에 상처를 주어서는 안 된다. 누가 상처를 주는가?

정치인들이다.

나는 사람의 마음을 읽는 능력이 있다고 자부한다.

"선생님이 제게 요구하시는 것은 정치 잘해 달라는 것입니다. 그밖에는 아무것도 없다는 것을 잘 압니다. 최선을 다하겠습니다. 도와주십시오."

나는 최선을 다할 것이다. 진실이 뚫지 못하는 벽은 없다. 나는 승리의 축배를 들고 내 갈 길을 갈 것이다.

# 52 가짜뉴스로 나라가 망하면

## – 나라 망하면 국민도 없다

"그 친구 병원에 다녀왔다는데 아무래도 며칠 못 가겠더군."

소문은 삽시간에 퍼지고 빚쟁이들이 몰려들었다. 모든 거래가 끊겼고 회사에 압류가 들어왔다. 그러나 실제 본인 건강에는 아무 문제가 없었다. 가짜뉴스였다. 그렇게 해서 그 친구는 질병이 아니라 가짜뉴스로 망했다.

옛날얘기를 하나 하자. 신문을 펼쳐 든 나는 깜짝 놀랐다. '노무현 대통령후원회장 이기명 압수수색' 아니 압수수색이라니? 내가 집에 이렇게 있는데 나도 몰래 압수수색을 해?

보도한 기자에게 전화했다. 기자님 하신다는 말씀.

"아니 압수수색 안 당하셨습니까?"

미칠 일이다. 보도 직후 압수수색이 들어왔다. 용인 선산에는 언론사 헬기가 떴다. 가짜 압수수색 뉴스로 도리 없이 범죄용의자가 됐다. 그 후에 내가 겪은 고통이야 누가 알겠는가? 청문회 참고인으로 불려갔다.

세 명이 모이면 시장에 호랑이가 나타난다는 말은 가짜뉴스의 위력을 극명하게 보여주는 사례다. 더 큰 문제는 가짜뉴스가 정치판을 돌아다닐 때 그 피해는 바로 나라의 안위를 위협한다는 것이다.

"뭐야 북한에다가 원전을 지어준다고? 미쳤군. 미쳤어. 아예 핵폭탄 사라고 돈을 주지. 그래."

야당의 대표가 국회에서 한국이 북한에 원전을 건설해 주겠다는 약속을 했다고 발언을 하고 이를 언론이 대서특필 보도했다. 우리 착한 국민들은 안 믿을 도리가 없다. 가짜뉴스다. 오죽하면 기자 출신인 민주당 이낙연 대표가 언론개혁을 반드시 관철하겠다고 대국민 약속을 하겠는가?

선거 때가 되면 단골메뉴가 북풍이다. 북한에다 총을 쏴달라고 한 것은 이미 이회창이 대선 출마했을 때 알려진 사실이다. 당연히 벼락 맞아야 할 인간들이다. 지금 야당이 '올코트프레싱'을 하는 '원전건설 약속' 뉴스도 바로 선거용 북풍이라는 가짜뉴스다.

믿고 안 믿고는 상관이 없다. 어차피 가짜니까. 그들이 원하는 것은 선거판에 써먹자는 일회용이다. 정치가 이 정도로 타락했다. 돈이 궁하다고 가짜 부고를 돌렸다는 소문을 들은 적은 있어도 '가짜원전'에 비하면 애교다. 그렇다 해도 어떻게 자기 나라 대통령을 거짓말쟁이로 낙인을 찍는단 말인가?

아무리 정치판이라 해도 할 일과 하지 말아야 할 일이 있다. 아무리 급해도 제 길을 가야 한다. 급하다고 남의 집 담을 넘어서 가면 그건 도둑놈이다.

### # 진짜 기자의 가짜뉴스

기자를 집합시키면 국회광장을 꽉 채울 것이라는 말을 들었다. 기자가 뭔가? 사회정의를 구현하는 최일선의 투사다. 총탄이 비 오듯 하는 전선에서 총알 맞고 숨지는 종군기자들이 있다. 못된 관리들의 뇌물을 거부하고 진실을 보도해 부정을 막아내는 기자들이 있다. 이들이 바로 나라의 버팀목 역할을 한다. 왜 이 지경이 됐는가? 왜 가짜뉴스를 규제하고 징벌적 손해배상을 물려야 한다는 여론이 끓는가? 지나간 나의 과거도 부끄러워 이루 다 말을 할 수가 없다. 그러나 이제는 아니다. 언론이 나라를 구해야 한다. 할 수 있다.

언론을 바로 세워야 한다는 이낙연 당 대표의 연설에 대부분의 국민이 공감한다. 언론인 스스로 고개를 끄덕인다. 왜일까? 모두 문제점을 알기 때문이다. 가짜뉴스로 나라가 망한다면 이는 촛불로 나라를 구한 국민이 아니다.

언론개혁 선언은 추미애 박범계의 검찰개혁 선언과 더불어 이낙연의 용기다. 언론과 각을 세우게 되는 언론개혁은 정치인으로서 큰 짐이 될 수 있다. 그러나 아무리 짐이 된다 하더라도 해야 할 일이라면 무거운 짐을 지고 먼 길을 가겠다는 결단이 필요하다.

### # 집권은 국민의 선택이다

80이 넘는 인생을 거의 언론 근처를 배회하며 먹고 살았다. 자학적 표현을 빌린다면 '오물통을 휘저으며 살았다'고 고백한다. 변명은 필요 없다. 죽을 때 그래도 좀 덜 부끄럽자고 발버둥 치고 있다.

내 주위에 존경하는 기자들이 참으로 많다. 그들도 자신들의 처지를 안타까워한다. 대화가 오늘의 언론에 미치면 그들은 한숨을 쉰다. 이해한다. 그러나 이해를 한다고 동감을 하는 것은 아니다.

이제 우리 언론은 더는 그냥 무심히 넘길 상태를 넘었다. 어떤 조치가 필요한 위기다. 어쩌다 들춰보는 기레기 언론들은 비상한 재주가 있다. 왜곡 편파 음해도 이제는 달인 수준이다. 자신이 쓴 기사는 절대로 보지 않는다는 기자도 있다. 양심의 고통을 이기지 못하는 것이다.

언론개혁은 검찰개혁과 더불어 반드시 해내야 할 절체절명의 과제다. 할 수 있다. 우리가 누군가? 촛불을 들고 독재를 타도한 국민이 아닌가.

언론의 가짜뉴스로 나라가 망하는 꼴을 그냥 보고 넘길 작정인가?

# 53 단심가丹心歌 하여가何如歌

## – 정몽주와 이방원

한국 역사의 문턱쯤 가본 사람은 정몽주鄭夢周와 이방원李芳遠의 이름 정도는 알고 있을 것이다.

인생의 정반대 길을 걸었다고 할 이 두 사람은 많은 사람의 입에 오르내리고 있다. 직접 보지는 못했지만, 선죽교에는 이방원의 명령으로 철퇴에 맞아 숨진 정몽주가 흘린 단심의 혈흔이 아직 남아 있다고 한다.

한 사람은 충성의 상징으로, 또 한 사람 역시 충성은 맞는데 좀 이상하다. 충성인가? 역신인가? 그래서 인생은 해석하기에 따라 이렇게도 저렇게도 되는 재미있는 드라마다.

'이 몸이 죽고 죽어 일백 번 고쳐 죽어
백골이 진토되어 넋이라도 있고 없고
임 향한 일편단심이야 가실 줄이 있으랴.'

이것이 정몽주가 읊었다는 단심가다. 그런가 하면 이방원의 하여가도 있다.

'이런들 어떠하리 저런들 어떠하리
만수산 드렁칡이 얽혀진들 어떠하리.
우리도 이같이 얽혀져 백 년까지 누리리라.'

한 사람은 죽어 만고의 충신으로 역사에서 회자되고 또 한 사람은 왕까지 되었으나 역사적 평가는 내 몫이 아니다. 왜 지금 나는 단심가丹心歌와 하여가何如歌를 읊조리고 있는가? 지금 이 땅에도 이 시조를 한 번쯤 생각해 본 인사들이 많을 것이라고 느꼈기 때문이다.

# 요즘 많이 받는 질문, 누구를 지지하느냐?

요즘 선거철이다. 그래서 누가 누구를 돕는다는 말이 무성하고 이들 돕는 사람들을 일컬어 멘토라고 하는 모양인데 그냥 조언자라고 하면 적당할 것이다.

문재인 대통령의 경우 후보 시절에 공식적으로 언론 멘토단이라는 것이 있었고, 그중에는 나도 고문이란 이름으로 끼어 있었는데 과연 제대로 역할을 했는지 자신이 없다. 지금도 나는 이낙연 대표의 조언자로 알려졌는데 내가 노무현 대통령의 후원회장으로 열심히 그를 도왔다고 자부하고, 민주당의 권리당원이니 조언자라고 해도 틀린 말이 아니다. 다만 제대로 역할을 하지 못하고 있는 것이 안타깝고 미안하다.

# 서로 돕고 사는 세상

선거철이 되면 누가 누구를 도와주고 조언을 한다는 말이 무성하다. 그래서 맨토도 많다. 어제는 이낙연 대표가 민주당 대표로 국회에서 당 대표 연설을 했다. 평가야 모두 다를 것이다. 혹평이야 '국민의힘' 몫이고 민주당은 칭찬이다. 나도 질문을 많이 받았다. 내 대답을 몰라서 묻는 게 아닐 것이다. 내가 오히려 물었다. 어떻게 생각하느냐고.

"네, 많이 달라졌던데요. 확실한 메시지가 있습니다. 자신감도 보이고요. 특히 북한 원전 관련 부분에서 한 발언은 많은 공감이 있더군요."

내 생각도 같았다. 도대체 대통령이 '이적행위'를 했다고까지 주장을 하는 '국민의힘'은 아무리 이윤 먹자는 장사라고 하지만 제정신이 아니다. 언급하기도 싫다. 이익은 고사하고 장사 보따리도 잃게 생겼다.

왜 이낙연 대표를 지지하냐고 묻는다. 아니 왜 이 지사를 선택하지 않느냐고 이유를 묻는다. 길지만 이럴 때 짧게 적절한 대답을 하는 게 필요하다.

"사과 둘이 있으면 당연히 큰 걸 집을 거 아닌가? 됐는가?"

고개를 끄덕인다.

"말이 나온 김에 한마디 더 하지. 아직 그에게 대한민국이란 그릇이 너무 커, 아직은 아냐? 좀 더 근수를 늘려야 한다고 생각하네. 좀 더 신중해야 하고."

더 이상 질문을 하지 않는다.

# 서로 믿고 사는 세상

인간에게는 사랑이 있고 정치에도 사랑이 있다. 정치에서는 죽기 아니면 살긴데 사랑이 어디 있느냐고 할지 모르나 사람 사는 게 그게 아니다. 사랑은 마음속에서 샘물처럼 솟아나는 것이다. 도둑 전과가 있는 사람의 고백을 들은 적이 있다. 범행 직전에 이번이 마지막이라고 늘 다짐한다고 한다. 그러나 먹고 살기 어렵고 눈앞에 재물이 보이면 도리가 없다고 한다.

우리 정치하는 사람들은 어떤가? 눈 딱 감고 처리하면 정권을 차지할 것 같은가? 정권이 그렇게 만만한 게 아니다. 더구나 지금은 민주와 반민주로 확실하게 나뉜 세상이다. 아니라고 생각하는가? 조용히 생각해 보라.

그러나 한 가지만은 잊지 말아야 한다. 우리는 한 핏줄 한 민족이다. 우리가 서로 돕지 않으면 아무도 안 도와준다. 정권은 왔다 갔다 하는 것이다. 순리를 따라야 한다. 정몽주를 타살한 이방원의 살기는 접어야 한다. 원수는 원수를 낳고 세상은 너무 무서워진다. 기억하자. 서로 돕고 살자.

# 54 저 사람을 어떻게 믿는가

## – 지도자라도 신뢰를 상실하면

### # 잠시 속일 수는 있어도

자랑하는 거 아니니 믿어주기 바란다. 고2 고3 때 반장을 했다. 공부를 잘했느냐? 천만의 말씀이다. 그럼 어떻게? 얘기가 길어지니까 줄인다. 논산훈련소에서도 중대 향도를 했다. 공병학교에서도 교육생 반장을 지냈다.

운동신경이 발달하여 그런지 운동은 잘했다. 사회생활하면서도 뒤로 처지지는 않았다. 나쁜 놈이란 욕도 많이 안 먹었다. 사람들이 내 말을 잘 믿어줬다. 이유가 무엇일까?

"선생님의 얘기는 믿을 수 있습니다. 거짓말 안 해서 안심이 됩니다."

또 노무현 대통령 얘기냐고 할 사람이 많겠지만 사실이다. 나도 그분에게 믿음을 받고 살았다는 것이 너무나 좋다. 정치인들 중에서 후원회장을 맡아 달라는 사람들이 많다. 사전에 반드시 검증한다. 과거는 사라지지 않는다.

지금 한정애 장관과 김병기(동작) 의원의 후원회장이다. 좋은 분들이다. 그렇지 않으면 후원회장 안 한다. 지금은 이낙연 민주당 대표 고문으로 그를 돕고 있으며 자랑스럽게 생각한다. 심지어 내가 돕는 정치인은 꿈을 이룬다는 농담들을 해서 더욱 기분이 좋다.

# 열 길 물속은 알아도

사람들을 평가할 때 '열 길 물속은 알아도 한 길 사람 속은 모른다'고 많이들 얘기한다. 열 길 물속을 들어가 본 적도 없지만, 사람 속인들 들어가 봤겠는가? 그럼 어떻게 사람 속을 안단 말인가? 경험이다. 겪어 본 경험이다. 직접경험도 있고 간접경험도 있다. 현대건설의 정주영 회장이 어느 인간을 두고 한 말이 유명하다.

"그놈은 종으로라도 쓰지 말라."

종으로라도 쓰지 말라는 그놈이 누구인지는 모두 알고 있을 것이다. 이것이 간접평가의 기준이다. 요즘 세상은 비밀이 없다고 한다. 세상에서 자신만이 알 것이라고 믿는 외상값 안 갚은 것을 알다니. 그러나 외상 준 음식점 주인은 알고 있다.

국민들의 눈은 무섭다. 아무리 속이려 해도 안 된다. 그래서 국민을 하늘이라고 하는 것이다. 선거가 눈앞에 다가왔다. 온갖 모략과 가짜 소문이 날뛰고 있다. 그러나 가짜 소문에 넘어갈 국민이 아니다.

입에서 나온 말은 도로 담을 수 없는 시대다. 그래서 지도자들은 자신이 한 말과 행동에 대해서 도리없이 책임져야 한다.

### # 국민은 무엇으로 비교하는가?

보기 좋은 떡이 먹기도 좋다는 말은 모두들 안다. 출마한 후보자들이 여럿이면 고르게 된다. 때는 누가 덜 묻었는가? 누가 더 똑똑한가? 국민으로서는 당연한 선택이다. 소문도 듣고 자료도 본다.

국민의 최대 관심사인 병역문제는 깨끗한가? 전과는 없는가? 여성관계는 어떤가? 정치편력은 어떤가? 완벽하기란 불가능해도 정도 문제다. 당연히 비교되고 거기서 국민의 판단이 매우 중요하다. 경쟁은 당당하게 깨끗이 해야 한다. 지저분하게 모략이나 하고 과잉홍보로 국민의 눈살을 찌푸리게 한다면 이 역시 낙제다.

그중에서 가장 중요한 것이 신뢰다. 정직이다. 똑똑은 한데 어딘가 믿음이 안 가는 후보가 있다. 우리 국민은 매우 아픈 기억을 지니고 있다. 그 기억의 주인공들은 감옥에 있다. 두 사람씩이나 된다. 이 무슨 비극이란 말인가? 이제 국민들은 정신 바짝 차리고 정신 제대로 박힌 대통령을 뽑아야 한다.

네 돈이냐 내 돈이냐, 화수분 차고 다니는지 마구 뿌려대는 지도자가 제정신일까? 내 집 살림이라고 생각한다면 절대로 그 짓 못 한다. 믿음이 가지 않는 정치인들. 국민은 그런 정치인들에게 질렸다. 나중에 후회해도 소용없다.

### # 경쟁은 깨끗하게

한국 정치의 가장 큰 병폐는 승리에 집착한 나머지 수단 방법을 가리지 않는 것이다. 벌써 그런 사례들을 국민들이 목격한다. 근거 없는 중상모략 왜곡 등 이루 다 말할 수가 없다. 홍보를 빙자해서 허위사실을 퍼트린다. 밝히기는 곤란하지만, 홍보요원의 숫자가 '깜놀'이다. 이들의 활동비는 어디서 나오는가? 정치를 오염시키는 원인이 된다.

승리는 좋지만 추한 승리는 불명예며 반드시 후유증을 남긴다. 패자가 승복해서 승자에게 꽃다발을 안기는 그런 멋지고 아름다운 선거를 보고 싶은 것이 국민의 소망임을 절대로 잊어서는 안 된다. 명심 또 명심이다.

# 55 아는가, 국민이 하늘이다

– 진심으로 모셔라

혹시 경험한 분들이 있는가. 택시를 탔는데 좀 지나자 왠지 불안해지기 시작한다. 기사의 시선은 정면을 주시하지 않고 계속해서 좌우로 오간다. 괜히 경적도 울린다. 일정한 속도가 아니고 빠르다가 늦다가 브레이크를 밟았다가 놨다가 질서가 없다. 거기다가 전화가 오자 낄낄대며 통화다.

불안은 점점 심해진다. 내가 소심해서 그런가? 더 견디기가 힘들다. 할 수 없다. 내려달라고 했다. 가려던 목적지가 아닌데 내려달라고 하니 왜 그러느냐고 묻는다. 그냥 내려달라고 했다. 기사는 이상한 듯이 날 쳐다본다. 내려서 한숨을 내쉬었다.

### # 손님은 왕이다

많이 듣는 소리다. 말을 한 번 바꿔보자. '국민은 왕'이다. 더 바꿔보자. '국민은 하늘'이다. 어디선가 웃는 소리가 들린다. 누가 웃는 소린가. 가만히 귀를 기울여 보니 바로 가슴속에서 울리는 소리다. 이게 무슨 소리냐? 그럼 국민이 하늘이 아니란 말이냐? 대답이 없다. 누가 대답을 안 하는가?

국민은 하늘이다. 하늘이 노하실 것 같다. "이놈들 하늘 팔지 마라." 드릴 말이 없다.

요 며칠 사이 언론을 수놓은 가장 많은 이름은 신현수와 박범계. 그들은 민정수석과 법무부 장관이다. 왜 이들이 언론광장에서 재미도 없는 춤을 추면서 국민을 피곤하게 만들었는가? 이들을 바라보고 있는 대통령은 얼마나 속이 상했을까? 원래 대통령은 말이 많지 않은 사람이다. 싫은 소리 잘 안 한다.

대통령이 하나부터 열까지 일일이 잔소리를 해야 한다면 대통령 할 사람 하나도 없다. 밑에서 알아서 해야 한다. 참모들은 뭘 하고 있는가? 할 말이 있는가? 국민은 속이 끓는다. 끓은들 뭐하랴. 좋다. 선거 때 보자. 도끼날 벼르듯 하지만 선거 끝나면 끝. 그래서 정치는 개미 쳇바퀴 돌 듯 오물통 속을 헤맨다.

'저거 잘라버리지 못하나?' 많이 듣는 소리다. 누구를 잘라버리라는 소린가? 본인들이 더 잘 알 것이다. 그러나 알면 뭘 하나? 딩가딩가 휴가 잘 다녀오고 기자들에게 '다시는 박범계 안 만난다' 등등(언론보도) 큰 소리 땅땅 친다. 그러더니 이제 거취는 대통령에게 맡긴다고 했단다. 대통령은 수석들 뒤처리나 하는 사람인가? 대통령이 가엾다.

## # 불신은 끝도 한도

서글픈 얘기다. 약사를 믿지 못하면 약국에서 감기약 하나 못 사 먹을 것이다. 식당 주인 못 믿으면 굶어야 한다. 마누라 못 믿으면 어떻게 사는가? 신뢰는 인간이 살아가는 가장 중요한 요소다.

요즘 약속이 풍년이다. 크고 작은 정치인들이 저마다 입에 거품을 물고 쏟아내는 것은 국민에 대한 약속이다. 약속도 보통 약속이 아니라 잘 살게 해 준다는 '행복열차 탑승권'이다. 어떤가? 선물을 받아서 행복하신가. 웃지 마시라. 웃는 의미를 안다. 하도 공수표를 많이 받아서 믿는 사람이 바보 취급받는다. 사실 그들이 약속한 행복의 절반이라도 이행이 된다면 대한민국 국민은 지구에서 가장 행복한 국민일 것이다.

이제 정치인들의 말은 믿지 못할 것으로 되어 있다. 불행한 일이다. 그래서 더욱 소중하게 느껴지는 것이 신뢰다.

왜 이 지경이 됐는가? 누구 탓을 하는가? 도둑을 맞았는데 맞은 사람도 절반의 책임을 져야 한다는 황당한 책임론이 있다. 무슨 얘기냐? 정치인들이 거짓말을 하면 다시는 정치판에 얼씬도 못 하게 해야 하는데 국민들이 번번이 배지를 달아주니 국민 알기를 개떡으로 아는 것이다. 그러니까 도둑맞은 사람도 책임의 절반을 져야 한다는 말에 고개를 끄덕일 수밖에 없다.

나는 많은 정치인들을 겪어 본 경험이 있다. 경험은 좋은 스승이라고 생각한다. 10분만 대화를 하다 보면 그 사람의 됨됨이를 알게 된다. 그건 바로 신뢰 여부를 알게 된다는 의미다.

# 발길에 채는 정치인

너무 심하지 않냐고 항의를 하는 분도 있을 것이다. 더 심한 말을 하는 분도 있다. 하루살이 같은 정치인이 너무나 많다는 것이다. 그러나 바닷속 깊은 곳에 진주도 있다. 그 많은 정치인 중에 왜 좋은 분이 없겠는가? 그러나 아직은 미완의 보석이다. 갈고닦아야 한다. 자신이 해야 한다.

국민이 가장 아쉬워하는 정치인이 신뢰의 정치인이다. 세상에 똑똑한 인간들이야 얼마나 많은가? 법관들과 기자들 하나하나 뜯어보면 기막히게 똑똑하다. 똑똑과 현명은 동의어인가? 그랬으면 얼마나 좋으랴만 안타깝게도 아니다.

똑똑하면서도 못된 인간은 바보보다 더 유해하다. 바보는 하루 세끼 밥만 주면 못된 짓은 하지 않는다. 그러나 못된 똑똑이는 만족을 못 한다. 문제는 거기 있다. 적절한 비유는 아닐지 모르나 비난에 대상이 되는 몇몇 전직 권력자들이 저지른 비리는 똑똑하지 못하면 절대로 저지를 수 없는 비리다. 결국, 분수를 망각하고 오르면 안 될 나무에 오른 똑똑이들이 스스로 파멸의 길로 빠져드는 정해진 코스다. 퇴직 검찰이 그렇다.

선거 때 국민에게 입에 침이 마르도록 약속한 공약들이 당선 후에 어떤 모습으로 변하는가? 국민들은 너무나 많이 겪었고 결국 그것이 정치 불신의 나락으로 추락한다. 그것이 오늘의 현실이다.

세상에 존재하는 기쁨은 여러 가지다. 그중에 존경을 받는 기쁨은 어는 것과도 비교가 안 된다. 더구나 나라와 국민을 위한다는 칭송을 받는 정치인의 기쁨이라면 얼마나 대단한 것인가? 그들이 국민을 하늘처럼 받들었다면 국민들도 그들을 하늘처럼 받들 것이다.

여야의 정치인들, 특히 지도급 지도자들, 거짓말하지 마라. 국민이 모를 줄 알아도 모두 알고 있다. 향기는 보이지는 않아도 인간을 기쁘게 한다. 정치인들의 본색이 하나둘씩 드러나기 시작한다. 얼마나 비참한 줄 아는가?

국민을 하늘처럼 알겠다던 자신들의 약속이 자신들에게 가장 추악한 이름으로 돌아올 때 그때는 목숨을 끊어도 소용이 없다. 국민은 하늘이다. 하늘처럼 모셔라.

# 56 바르게 행사하는 권력

## – 잘못 쓰면 독약

어느 조직에나 왕초는 있다. 초등학교 시절 반에서 주먹이 제일 센 놈이 왕초였다. 왕초를 따라다니는 똘마니들이 있다. 서로들 똘마니가 되려고 경쟁이다. 그때나 이때나 권력자 주위에는 따르는 졸개들이 있다.

왕초는 좋은 것이 많다. 과자를 사면 가져다 바친다. 자기 용돈도 왕초 쓰라고 준다. 뇌물이다. 그들이 자라면 뭐가 될까. 좋던 시절이 그리울 것이다. 인간의 앞날을 그 누가 알겠는가?

고등학교 때 뉴스를 보다가 깜짝 놀랐다. 의용군 포로들의 모습이 보인다. 그중에 낯익은 얼굴. 초등학교 동창이다. 왕초로 폼 잡던 녀석이다. 덩치가 좋아서 의용군이 되었는가? 택시를 탔다. 얼굴이 익다. 어! 초등학교 동창이다. 일찍이 직업전선에 나선 것이다. 앞일은 누구도 모른다. 초등학교 때 꿈은 축구대표선수였던 나는 수십 년 동안 글만 쓰고 있다.

### # 국회의원, 자랑스러운가?

정치는 매우 중요하다. 그렇다고 국민 모두가 정치를 할 수는 없다. 대표를 뽑아 국회라는 곳으로 보낸다. 나 대신 정치 좀 잘해 주십시오. 이런 국민들의 염원을 안고 국회의원 배지를 단다. 법은 의원들이 의정활동을 잘할 수 있도록 여러 가지 편의를 제공하고 엄청난 권한까지 헌법으로 보장해 준다.

현행범이 아니면 잡아가지도 않고 월급도 많이 주고 비서도 여러 명 배치하고 차도 주고 그야말로 팔자 중에서는 상팔자다. 입이 험한 친구는 '오뉴월 댑싸리 밑에 개 팔자'라고도 하지만 의원이란 직업이 만만한 게 아니다.

국민의 대표이니 얼마나 조심해야 하는가? 품위 있는 사생활과 청렴. 그야말로 하나부터 열까지 모범이 되어야 한다. 국민 모두가 감시의 눈이다. 따지고 보면 불편한 것이 하나둘이 아니다. 그런데도 결사적으로 의원이 되려고 하는 이유는 무엇인가? 물론 분골쇄신 국가와 민족을 위해서일 것이다. 현실은 어떤가? 국민들은 뭐라고 할 것인가?

국회의원에게는 대단히 미안한 말이지만 의원들에 대한 평가는 인색하기 짝이 없다. 심지어 국회의 존재 이유조차 부정하려는 국민이 적지 않으니 딱한 일이다. 왜 이 지경이 됐는가?

300여 명이나 되는 식구니 그중에 별의별 사람이 다 있다. 과거를 묻기 시작하면 끝이 없고 한이 없다. 의원 배지 달고 잘하면 된다. 국민들은 의원들의 활동을 언론을 통해서밖에 알 수가 없고 미안하지만, 우리 언론이 믿을만한 것이 못되니 의원들은 눈치 보지 말고 소신껏 양심껏 국민에게 헌신적인 봉사를 하면 된다. 국민들은 모르는 것 같아도 어떤 의원이 어느 수준인지 다 안다.

# 정치는 전쟁인가? 선거는 생사불문인가

철 들어서 목격한 정치는 무엇으로 표현해야 하는가? 해방 후 첫 번째 국회의원 선거에서는 수류탄이 터졌다. 경쟁 정적에서 보낸 선물이다. 그야말로 죽기 살기 아닌가. 정치가 뭐기에 목숨을 거는가? 그건 당사자들이 대답해야 한다.

김구, 여운형, 송진우, 장덕수 등 정치지도자들이 목숨을 잃었다.

정치투쟁은 바로 권력과 직결된다. 정치투쟁에서 패한다면 그것은 바로 목숨을 잃은 것이나 다름이 없다고 생각하는 정치인들이 많다. 이 때문에 죽기 살기다. 요즘 정치를 보면서 국민이 생각하는 정치는 어떤 것일까?

동물의 세계에서도 살기 위한 투쟁은 치열하다. 그것을 보면서 인간 세상에 정치투쟁과 비교를 하게 된다. 어떤가? 인간의 투쟁은 어떤가?

요즘 정치싸움을 보는 국민의 평가는 어떨까. 한마디로 이전투구라고 한다. '진흙탕 개싸움'이라는 것이다. 얼마나 모욕적인가? 개와 비교되니 얼굴을 들고 다닐 수가 없어야 사람이다. 화가 나면 싸움도 하게 된다. 그럼 묻자. 오늘의 정치싸움이 싸워야 할 정당한 싸움인가? 운동경기에서 최고의 반칙은 퇴장이다. 정치에서 반칙은 어떤 처벌인가? 정가에서 추방이다. 의원직 상실이다. 지금까지 의원직을 상실한 의원들은 꽤 된다. 국민들은 어떤 생각일까? 아마 국민들에게 처벌을 하라면 의원 배지를 한 바가지는 거둘 것이다. 그 정도의 수준이라고 생각할 것이다. 섭섭해도 할 수 없다.

요즘 인터넷을 보면 칼만 안 들었을 뿐이다. 여·야간의 싸움이라면 그래도 이해를 해 줄 수 있지만 이건 아군끼리의 싸움이다. 아닌 것처럼 위장하지만 아는 사람은 다 안다. 치사한 모략이 횡횡한다. 얼굴이 뜨거워진다. 참혹한 음해 글을 보면 화가 난다. 험한 글로 대응한다. 그런 대응이 오고 가면 원수가 된다. 험악한 댓글은 안 쓰기로 했지만 나도 자신이 없다.

간곡하게 제안한다. 비판은 좋지만, 고약한 욕설로 감정을 상하게는 하지 말자. 결국은 이적행위가 되고 반 민주세력이 권력을 차지해 온갖 비리를 저지르는 힘을 주게 된다.

며칠 전 고약한 비난 욕설을 한 사람을 찾아내 따끔한 충고와 함께 사과를 받았다.

"선생님, 조직의 명령이니 도리가 없습니다. 용서하십시오."

조직은 무섭다. 어느 조직이든 조직을 관장하는 분께 호소한다. 순리를 지키자. 이적행위를 할 수는 없지 않은가? 권력이 아무리 좋다 해도 나라와 민족이 우선이다. 이 나라를 떠나 어디서 산단 말인가?

# 57 정치는 최고의 예술인가

## – '브루투스' 너마저

1950년대, 고교 시절 명동 국립극장에서 본 극단 신협의 연극 〈줄리어스 시저〉는 분명히 비극이었다. 브루투스가 찌른 칼을 맞으며 시저가 남긴 최후의 말 한마디.

"브루투스, 너마저."

불세출의 영웅이라는 시저는 가장 아끼고 신뢰하던 부하의 손에 쓰러졌다. 연극은 비극이지만 관객은 아낌없이 박수를 쳤다. 비극은 예술로 승화했다. 예술이란 이래서 위대한 것이겠지.

'정치는 최고의 예술'이라고 한 말을 기억하는데 누가 했는지는 생각이 안 나고 찾아볼 생각도 없다. 왜냐면 결코 정치를 예술로 생각지 않기 때문이다. 정치가들은 섭섭할지 모르겠지만, 예술의 대우를 받으려면 예술의 경지로 끌어올려야 한다. 예술에는 향기가 난다. 우선 정치인들부터 자세를 바꿔야 할 것이라고 믿는다. 향기가 나도록 해야 할 것이다. 향기가 나는가?

지금 이 나라는 코로나 19와 정치를 빼놓고는 존재하는 것이 없다고 할 정도다. '코로나 19'는 인간의 힘으로 한계가 있다고 해도 정치는 인간이 제어 할 수 있는 행위다.

오늘의 정치가 엉망이고 국민의 비난은 산처럼 높은데 바로 이 정치가 사회를 장악하고 그 책임 역시 국민이 함께 지지 않을 수가 없다는 데 비극이 있다.

잘못된 정치로 해서 받는 고통은 아무리 설명을 해도 부족하다.

어느 친구는 우리 국민의 정치의식이 세계 최고수준이라고 한다. 어떤 최고인지는 각자 다르겠지만, 촛불을 들고 국민이 일어나 정치를 바꾼 나라는 우리가 처음이라는 자부심 때문은 아닐까? 좋다. 자부심을 느껴도 탓하지 않는다.

**# 양보는 선행을 넘어 선 미덕**

중학교에서 반장선거가 있었다. 후보가 둘이 나섰다. 문제가 생겼다. 서로 양보를 한 것이다. 양보도 놀라운데 서로 상대가 반장이 되어야 한다고 추천까지 한 것이다. 손주 녀석 학교에서 일어난 일이다. 문득 이 같은 일이 지금 우리 정치에서 일어난다면 얼마나 놀랄까. 기절초풍할 것이다. 이것이야말로 정치의 향기고 '정치가 최고의 예술'이라고 찬사를 받을 일이다.

지금 이 땅은 선거로 뜨겁다. 몇 도나 될까. 잴 수 있는 온도계가 없을 것 같다. 인간마다 저 잘난 맛에 산다고 하지만 국민이 보기에는 정말 '아니올시다'인데 자기가 제일이다. 이런 인간들이 정치판에서 저지르는 행위는 꼴불견은 당연하고 인생이 싫어지게 한다.

인간의 과거가 어떻게 심산계곡 옹달샘처럼 깨끗할 수 있을까만 그래도 웬만해야지, 세상이 다 알고 있는 파렴치범 수준의 과거인데 가죽 두껍게 자기선전에 정신이 없다. 더욱 기막힌 것은 그런 후보를 따라다니며 열심히 홍보하는 사람들이다. 어느 후보는 홍보팀의 숫자가 천명을 넘는다고 하니 무척 부럽다고 할지 모르나 그게 부러운 것만이 아니다. 정치 뒷골목의 모습을 너무나 잘 알고 있는 나로서는 너무 서글프다.

국민 모두 간절하게 소망하는 깨끗한 정치는 불가능한 것일까? 그렇게 어려운 것인가? 양보다. 자신보다 나은 인물에게 양보하면 된다.

# 기적은 없는가

'여·야 중앙당은 긴급회의를 소집, 불법 부정선거를 기도한 입후보 예정자들을 모두 당에서 제명했다.'

놀라지 마시라. 몇 번을 눈을 비벼도 선명하게 눈에 들어오는 활자. 아아 세상에 기적은 있는 것이구나.

사과한다. 오매불망 하도 그리운 일이기에 내가 칼럼에 가상으로 한번 써 본 것이다. 가짜다. 내게 욕을 해도 좋다. 살 날 얼마 남지 않은 늙은이의 목마름이라고 여기고 불쌍하게 생각해 주시고 현역 정치인들에게 호소라도 해 주시면 고맙겠다.

기억은 있는데 이름이 확실치 않다. 자유당 시절 민주당의 원로 정치인들 몇 분이 대통령 선거를 앞두고 후보 경쟁을 할 때 양보를 하겠다고 한 적이 있었다. 진심인지 그냥 해 본 소린지는 몰라도 무척 신선하게 느껴졌다.

만약 오늘 한국 정치에서 여당이나 야당의 정치지도자 중에 이런 분이 나온다면 국민은 뭐라고 할까. 거짓말 말라고 비웃을까? 나는 아낌없이 칭찬할 것이다.

경선이 다가올수록 온갖 음해, 모략, 왜곡이 날뛸 것이다. 언론자유라는 날개를 달고 가짜뉴스는 창공을 훨훨 날아다닐 것이다. 국민이 정보에 가까이 갈 방법은 언론이 유일하다. 언론은 믿을 수 있는가? 대부분의 국민이 손해배상 대상에 언론을 포함시키자고 하는 것은 그만큼 언론에 대한 기대가 크기 때문이다. 언론은 국민의 기대를 저버리지 말기를 간곡하게 호소한다.

존경받지 못하는 언론인으로, 가짜뉴스 생산자로 살아가는 것이 얼마나 불쌍한지 잘들 알 것이다.

# 정치를 예술로 승화시키자

한국의 현대정치에서 존경받는 정치인이 몇 분 있다. 그분의 자제들도 현역 정치인이다. 그들을 평가하지는 않겠다.

정치가 국민으로부터 조롱과 멸시의 대상이 되면 결국 손해를 보는 것은 본인과 국민들이다.

이제 정치를 예술의 경지로 승화시켜 보자. 가슴 활짝 펴고 대로를 활보하는 정치인이 되고 싶지 않은가? 모두가 자신이 할 탓이다.

# 58 오호통재嗚呼痛哉 이것이 법치더냐

## – 신뢰가 무너지면 백약이 무효

### # 너무 무섭다

물은 위에서 아래로 흐른다. 깨끗한 물도 더러운 물도 같다. 흐르는 것은 물뿐인가? 모든 것이 같다. 좋은 전통, 못된 전통도 전해 내려온다.

당파싸움이란 우리의 병폐도 오랜 전통으로 흘러내려 왔다. 친일, 친미, 친중, 그밖에 등등. 버리고 싶은 유산들이 얼마나 많은가?

이제 난 술을 완전히 끊었지만, 자식들은 술을 마신다. 그들도 술을 마시면 말이 많아진다. 아아, 저게 바로 나의 젊었을 때 모습이 아닌가. 자식들이 아비를 보고 배운 것이라는 자책이 머리를 때린다. 얼마나 교육이란 무서운 것인가? 동물의 세계란 TV프로를 보면 동물들도 새끼 때 어미를 보고 배우고 어미는 새끼들을 가르친다.

### # 당신이 무슨 짓을 했는지 아는가?

“지금 자네 우리 얘기 녹취하고 있나? 괜찮으니까 마음 놓고 하게.”

참 세상 무섭게 됐다. 마음 놓고 말도 못하는 세상이 됐다.

“이 담에 선생님이 회고록 쓰실 때 참고하실 수 있도록.”

"고양이 쥐 생각해 줘서 고맙네."

빌어먹을, 터진 입이라고 말은 잘한다.

# 오호통재라, 누구를 믿고 산단 말이냐

대법원장이나 임성근 판사나 도덕적으로는 가장 존경받아야 할 법관이다. 이제 그들의 이름이 떠오르면 법을 어떻게 신뢰하며 또한 국민들이 그들을 어떻게 생각하리라는 것은 상상만 해도 몸이 떨린다.

이제 법관의 신뢰는 끝장났다고 하면 항의를 할 것인가? 좋은 법관들은 아직도 많이 있고 그들이 앓고 있을 마음고생을 생각하면 또한 마음이 미어진다. 인간관계는 신뢰로 이루어진다.

도둑놈끼리도 서로 믿지 못하면 함께 도둑질을 못 한다. 또 럭비냐 하겠지만, 럭비경기를 할 때도 믿지 못하면 패스를 안 한다. 오늘의 한국 사회가 어떤 신뢰 위에 서 있는지 생각하면 눈물이 난다.

# 무너지면 끝난다

'검은 머리 파 뿌리가 되도록 천년만년 오래 살자'는 결혼축사는 구식이다. 첫날밤 녹취를 하라는 축사는 않겠지. 좌우간 행복을 다짐하며 오래오래 살자는 맹세가 헤어질 때는 원수도 그런 원수가 없다. 무너진 신뢰다.

한 번 무너진 신뢰를 회복하기는 무너진 만리장성을 다시 쌓기보다 힘이 들 것이라고 했다. 불가능이다. 인간의 마음이 그토록 모진 것이다.